엄마의 힘이 아이를 성장시킨다

엄마력

엄마의 힘이 아이를 성장시킨다

엄마력

초판 1쇄 인쇄 2024년 8월 6일
초판 1쇄 발행 2024년 8월 20일

지은이 장나영

발행인 백유미 조영석
발행처 (주)라온아시아
주소 서울특별시 서초구 방배로 180 스파크플러스 3F

등록 2016년 7월 5일 제 2016-000141호
전화 070-7600-8230 **팩스** 070-4754-2473

값 17,500원
ISBN 979-11-6958-120-2 (13370)

※ 라온북은 (주)라온아시아의 퍼스널 브랜드입니다.

MOTHER POWER
엄마의 힘이
엄마력
아이를 성장시킨다
장나영 지음
초등학교 교사 20년 경력 다양한 문제 사례와 코칭 솔루션
아이를 올바르게 키우는 엄마력 강화를 위한 구체적 행동 지침
"내 아이의 학교 생활, 당신이 알던 바로 그 자녀의 모습일까?"
"엄마력 있는 엄마는 무엇을 반드시 알고 실천해야 할까?"
무엇을 상상하든 그 이상을 보여주는 학교의 현실 속에서
아이를 올바르게 키우기 위한 엄마의 고민과 선생님의 솔루션!
RAON BOOK

프롤로그

자녀양육의 광야를 지나는 엄마들에게

내일을 생각하면 엄두가 나지 않아서 하루살이처럼 그날 할 일만 생각하며 아이를 키우던 날들이 있었다. 그렇게 하루씩을 쪼개어 일주일을 살고 한 달을 살아, 한 해를 보내던 시절이 있었다.

이제는 아이들이 커서 그런 생각을 하지는 않는다. 그렇지만 삶이란 참 묘해서 나의 지나온 날과 같은 시간을 보내고 있는 엄마들을 계속해서 만나게 된다. 그 엄마의 모습을 보고 있노라면 내 마음이 다시 그날들로 돌아간다. 얼마나 힘든 시간을 보내고 있을까 하는 마음에, 여름에는 오이냉국을 만들어 주고 싶고, 겨울에는 들깨칼국수를 만들어 주고 싶고 그랬다. 나 역시 받았던 것들이다.

그렇게 엄마들과 이런 모습, 저런 모습으로 이야기를 나누는 가운데, 엄마들에게 당장의 한 끼 식사보다 깊은 필요가 있다는 것을 알게 되었다. 그 필요를 채우는 일에 조금이라도 도움이 되었으면 하는 마음으로 책을 쓰게 되었다.

이 책의 1장은 학교의 현실이다. 교사들은 잘 알고 엄마들은 피상적으로 아는 학교의 현실에 대해 허심탄회하게 말하고 싶었다. 2장은 기억에 남는 학부모님 이야기다. 지난 20년의 초등교사 생활 중 내게 타산지석이 되어 주었던 학부모님의 이야기를 담았다. 3~5장은 '그렇다면 무엇을 어떻게 할 것인가?'에 대해 썼다. 3장에서는 엄마의 전체적인 마인드를 다루었고 4장에서는 엄마가 지녔으면 하는 안목을 다룬다. 마지막으로 5장에서는 구체적인 실행방법이 나온다. 그래서 이 책을 읽는 방법은 3가지가 있다. 1장부터 순서대로 읽어도 좋고, 3장부터 읽는 것도 큰 의미가 있다. 특별히 이 책이 방학기간에 출간되므로 5장의 1절부터 읽는 것도 매우 지혜로운 방법이라고 생각한다.

아이를 양육하던 지난 12년은 나에게 깊은 광야같은 시간이었다. 그곳에는 말로 다할 수 없는 수고의 눈물과 말로 다할 수 없는 기쁨의 웃음이 함께 깃들어 있었다.

내가 지나왔던 광야를 통과 중인 한 분 한 분의 엄마에게 이 책을 바친다. 모두의 여정이 인내와 소망으로 아름답게 완성되기를 바라며….

2024.07. 원당에서

장나영

차 례

2장

내가 만난 학부모님

3장

무엇을 어떻게 할 것인가?

4장

엄마력 있는 엄마들이 아는 것들

5장

엄마력 있는 엄마들이 이렇게 합니다

1장

학교의 현실

무엇을 상상하건
그 이상이다

졸업생을 통해 알게 된 인기남의 사생활

"아, 선생님. 걔 진짜 싸이코예요."

미진이가 막 집어들던 피자조각을 탁 놓았다.

"왜 또, 현수가 장난이 심해서 그렇지 괜찮았잖아?"

"선생님, 그런 거 아니예요."

가만 보니 미진이 얼굴에 비탄같은 것이 서려 있었다.

"선생님, 걔 진짜 싸이코예요. 학교 끝나면 매일 저희 집에 와서 초인종 눌렀어요. 한 번만 자달라고요."

이른 저녁 시간이었다. 피자집에는 우리밖에 없었다. 나는 최대한 자연스러운 표정을 지으려고 애쓰며 피자를 입에 우겨 넣었다.

미진이는 반에서 제일 키가 큰 여학생이었다. 어머니가 분식집을 하셨다. 일기장을 보면 집안일도 쓱쓱 해놓는 사려 깊은 맏딸이었다. 마음쓰는 것이 어른 못지않은 성숙한 여학생 앞에서 나는 무슨 말을 이어야할지 몰랐다. 미진이는 말 못 잇는 내 마음을 이해한다는 듯 이런저런 보충설명을 해주었다.

"선생님, 걔 저한테만 그런 것도 아니었어요. 여학생들마다 쫓아다니면서 그랬어요. 그래서 제가 싸이코라고 하는 거예요. 걔 아마 중학교 가서도 그럴 걸요. 그리고 선생님, 그런 남자애들 많아요."

현수는 공부를 잘 하는 학생은 아니었다. 대신 늘 싱글거리는 얼굴로 남학생, 여학생 누구와도 잘 어울리는 성격 좋은 남학생이었다. 그런 면 때문에 학급의 아이들에게 그렇게 인기가 많았을 것이다. 가정도 평범하고 무난했다. 아버지는 회사원, 어머니는 가정주부. 아마 부모님은 이런 사실을 전혀 모르고 계실 것이었다.

선생님에게 필통 던지는 4학년 남학생

"그래서 4학년 1반 문제는 어떻게 됐대요?"

3학년 연구실, 회의를 마치고 오신 부장선생님께서 말씀해주셨다.

"한 명이 주동자였는데 거기 서너 명 남학생들이 합세하는 분위기인가 봐요. 오늘은 교감선생님이 들어가셔서 수업하셨대요."

문제의 4학년 1반 선생님은 병으로 1년을 휴직하셨다가 복직하신 40대 중반의 여교사셨다. 그 반의 한 남학생이 선생님이 자기 말귀를 못 알아 듣는다고 소리를 지르는 것으로 사건이 시작되었다. 학생의 행동은 매일 수위가 높아졌다. 그러던 어느 날, 수업 중인 선생님을 향해 필통을 던졌다고 했다. 다행히 옆 반 남자선생님의 지속된 지도로 아이의 행동은 조금씩 수그러져갔다.

"그 학생도 걱정이지만 그 행동을 본 나머지 학생들이

저는 더 걱정이예요. 이제 저런 행동을 봐버렸으니 내가 기분 나쁘면 저렇게 행동해도 되는구나 하는 생각이 들지 않겠어요? 이제 4학년인데, 앞으로 6학년이 되고 중고등학생이 되었을 때 그런 마음을 먹는다고 생각해보세요. 선생님이 자기 기분 나쁘게 한다고 그때는 어떤 행동을 하게 될까요?"

"중고등학생만 되나요? 어른이 되어서 결혼도 하고 애도 키우겠죠. 그때마다 기분 나쁠 일은 얼마든지 있을 텐데. 그때는 어떻게 할까요? 생각만 해도 가슴이 답답해지네요."

그해 3학년 연구실에서 우리는 이런 이야기들을 나누었다.

선생님, 아무 것도 시키지 마세요

영어전담교사를 할 때 일이다. 수업시수를 맞춘다고 1학년 창체를 1시간씩 들어갔다. 낱말쓰기, 바른글씨쓰기 등의 활동을 했다. 2분단 제일 앞의 남학생이 수업시간 내내 텅 빈 눈동자로 허공을 쳐다보고 있었다.

“병찬아, 한 번 써볼까?”

나는 더 이상 다정할 순 없겠단 말투로 말을 걸었다. 하지만 병찬이는 눈길 한 번 주지 않았다. 마음을 알 수가 없었다. 수업시간 마치고 담임선생님께 수업시간에 있었던 일을 말씀드렸다.

“아, 선생님. ADHD가 있는 학생이예요. 어머니께서 아이가 힘들어하면 억지로 안 시키길 원하세요. 그래서 저도 싫다고 하면 끝까지 안 시켜요. 선생님도 절대로 억지로 시키시면 안 돼요. 어머니가 많이 예민하세요.”

그 후로 나는 아무것도 하지 않는 병찬이가 안쓰러워 몇 번을 더 다가갔다.

어느 날, 담임선생님이 나를 부르셨다.

“선생님, 애쓰시죠? 그런데 병찬이는 그냥 가만 두세요. 아무것도 시키지 마세요. 병찬이 어머니가 민원을 넣으셨어요. 창체선생님이 자기 괴롭힌다고 집에 가서 말했대요.”

나는 잘 알아 들었다. 남은 1년 병찬이를 가만 두었다. 학생을 유기한다는 마음에 무척 괴로웠지만 극복하려고 부단히 노력했다. 사실 진짜 문제는 이런 학생이 한 반에 한 명이 아니라는 것이다. 정도의 차이는 있지만 평균적으로 각 반에 열 명 정도의 ADHD 학생이 있다.

무엇을 상상하건 그 이상이다

"엄마가 결혼은 절대 하지 말래요."

"우리 엄마도!"

"우리 아빠도 그러는데"

"엄마 아빠가 그러는데, 결혼을 하면 힘들고 아기도 절대 낳으면 안 된다고 했어요."

육아휴직 후 오랜만에 만난 어여쁜 2학년들이었다. 수업의 맥락과 전혀 상관없이 성민이가 터뜨린 말이었다. 결혼은 절대 하지 말고 아기도 절대 낳지 말랬다는 부모님의 말을 전하는 아이들의 얼굴은 어둡고도 강렬했다.

천사같은 얼굴에 사슴같은 눈망울을 하고서도 저런 표정이 가능하구나. 아마 그 말을 할 때 부모님 심경이 그대로 아이들 안에 뿌리내려서 그럴 것이다. 사는 것이 언제나 쉽지는 않지만 저런 방식의 말은 자녀의 존재 자체를 부정하는 말이 아닌가. 그날 교실 안의 25명 학생 중 20명의 학생이, 자신은 커서 결혼을 절대 안 한다고 했다. 또래집단 20명의 압박은 나머지 5명에게 지대한 영향을 미쳤을 것이다.

피리 부는 사나이에게서 내 아이 찾아오기

내 아이가 하루종일 보고 듣는 것이 무엇인가 잘 확인해 볼 필요가 있다. 그것으로 내 자녀의 가치관이 형성된다.

비디오를 틀면 이런 안내가 나오던 시절이 있었다.

> "옛날 어린이들은 호환, 마마, 전쟁 등이 가장 무서운 재앙이었으나 현대의 어린이들은 무분별한 불량, 불법 비디오를 시청함으로써 비행 청소년이 되는 무서운 결과를 초래하게 됩니다. 우수한 영상매체인 비디오를 바르게 선택, 활용하여 맑고 고운 심성을 가꾸도록 우리 모두가 바른 길잡이가 되어야겠습니다. 한 편의 비디오, 사람의 미래를 바꾸어놓을 수도 있습니다."

이런 시대에 비하면 지금은 미디어 환경이 정말 위험하

다. 요즘은 공중파 드라마 주제가 다 살인이다. 내 자녀의 맑고 고운 심성은 누가 가꾸어줄 수 있을까? 엄마인 내가 가꾸어 줄 수 있다. 우리는 이 책임에서 자유로울 수 없다. 그 어떤 시대보다도 탁월하지만 꼭 그만큼 어두운 시대를, 나와 내 자녀가 살고 있다. 우리 아이의 마음에 어떤 가치관이 형성되고 있는지 주의깊게 살펴야 한다. 아이의 가치관은 자녀의 인생이 지나가는 철로와도 같다. 그리고 이 철로는 엄마의 철로를 닮는다. 나의 마음과 생각 속에 헛된 가치관이 세워지고 있진 않은지, 엄마는 자기 자신에 대해서도 매순간 깨어있어야 한다. 이것이 아이를 교정하는 가장 빠른 길이다.

울부짖는
아이들

태훈이의 절규

6학년 교실, 2분단 둘째 줄에 앉은 태훈이는 늘 표정이 어두웠다. 소극적이지만 사회시간에 대답을 곧잘 하는 아이였다. 알 수 없는 파괴적인 느낌이 태훈이에게 깃들어 있었다. 베일 것 같은 날카로움과 냉소가 그 아이의 말과 행동에 늘 묻어났다.

청소시간에 태훈이를 보면, 주위 아이들에게 엄청 투덜대면서도 자기가 맡은 일은 무난히 해냈다. 그런 모습을 보고

'아, 이런 면이 있구나.' 하며 마음을 놓은 것이 5월 즈음이다.

태훈이는 늘 힘겨워 보였지만 친밀함을 원하지는 않을 것 같아서 거리를 두고 존중해줬다. 꼭 필요한 말만 정확히 건넸다. 내 보기에 이 남학생은 사고형이라 담임과의 관계에서 최소한의 에너지만 쓰게 돕고 싶었다. 그것이 그 아이의 만성피로를 나눠지는 교사의 도리라고 생각했다.

그렇게 겨울이 왔다. 그날따라 태훈이는 자기 얼굴빛을 닮은 진회색 코트를 입고 오만상을 찡그리며 우유당번을 하고 있었다.

"아, 빨리 다 먹으라고! 다 먹었으면 통에 넣으라고! 야! 빨리! 지금 당장!"

덩치 큰 남학생 2명이 앞으로 나오며 장난을 치다가 우유통을 놓쳤다. 통에 제법 남은 우유가 공중에서 쏟아져 태훈이 코트에 다 묻었다.

"야~~~~, 집에 돈이 없어서 이제야 엄마가 옷 한 벌

사줬는데~, 여기다 우유를 쏟냐? 재수가 없으려니 이렇게 없어! 아이씨!"

남학생들은 별다른 사과없이 교실 앞문으로 나가버리고 여학생들도 황급히 자리를 피했다. 일단 나는 화장지를 찾아서 태훈이 옷을 좀 닦아주었다. 다시 예의 그 격앙된 목소리가 시작되었다. 그 말을 들어줄 사람은 거기 나밖에 없었다.

"5학년 때까지만 해도 저는 이런 사람이 아니었다고요. 다니고 싶은 학원도 다 다녔고 내가 사달라는 것도 엄마가 다 사줬다고요. 그런데 엄마가 아빠랑 이혼을 하더니 집에 돈이 하나도 없어가지고, 내가 첫째라고 내가 해달라고 하는 건 이제 아무것도 안 해줘요. 전부 동생들 한테만 다 해준다고요. 자기가 화나면 매일 나한테 다 화풀이하고. 나는 아빠랑 살고 싶어요. 아빠한테 가고 싶다고요!"

아이는 그렇게 자기 속마음을 다 쏟아붓고서 교실을 나갔다. 그 칼날같던 마음이 상처받은 태훈이의 분노였다는 것을 나는 그날 알 수 있었다.

다소 예민한 부분이라 고민을 하다가 어머니께 전화를 드렸다. 어머니는 담담히 내 이야기를 들으셨다. 얼마 후 아이들이 졸업을 했다. 한동안 나는 투덜대는 남자아이를 보면 태훈이 생각이 나곤 했다.

엄마와 애착이 형성되지 않은 아이는 울부짖을 힘도 없어요

늘 예쁜 원피스를 입고 오던 2학년 여학생, 수진이. 처음에는 수줍음이 많은 성격이라고 생각했다. 그런데 한 달이 지나고 두 달이 지나도 수진이는 교실 안에서 늘 초조해했다. 등교하는 아이에게 "수진아, 안녕? 우리 수진이는 오늘도 예쁘네." 하면, 안 그래도 초점없는 눈빛이 불안으로 흔들리기까지 하며 자리에 가 앉곤 했다.

학기 초 상담주간이 되었다. 수진이 어머니와 마주 앉게 되었다.

"0세부터 만 3세까지 수진이를 맡았던 주양육자가 누구셨어요?"

"선생님, 시골에 계신 시어머니가 키워주셨어요. 작년에 8살 되어서 입학한다고 집에 왔는데 아직 저랑도 서먹서먹해요."

이럴 때가 고민이다. 어떤 톤으로 아이의 상태를 말해드려야 하는지. 어머니는 과연 어디까지 받아들일 수 있으신지.

"어머니, 수진이가 조금 불안이 높아요."

"아, 선생님, 애가 좀 내성적이죠?"

"예, 그렇기도 하구요. 아마 주양육자인 할머니 곁에 쭉 살다가 할머니 안 계신 곳에서 적응하느라 아직 마음에 여유가 없어서 그런가봐요."

"선생님, 저도 정말 힘들어요. 엄마라고는 부르는데 저도 사실 낳기만 했지 키우지를 않았잖아요. 다 커서 같이 살자니 애 눈치도 봐야 하고. 쉽지가 않아요, 선생님. 잘 좀 부탁드려요."

어머니는 건강한 마음을 가진 유쾌한 분이셨다. 다만 아쉬운 것은 수진이가 감내하고 있는 고통의 크기가 어머니에게 민감하게 받아들여지지 않는다는 점이다. 다른 아이들은 연비 좋은 자동차처럼 연료를 넣는대로 동력으로 쓰는데, 수진이는 자신이 가진 모든 에너지를 다 써야 겨우 이 낯선 공간에서 존재할 수 있는, 연비가 심각하게 안 좋은 자동차의 형편이었다.

'수진아. 8년 엄마랑 떨어져 살았으니까 앞으로 8년만 잘 해보자. 그렇게 제로포인트 만들어내자. 올 한 해는 선생님이 정성을 다해서 도와줄게.'

그런 마음으로 수진이와 1년을 보냈다. 하지만 생각대로 되지 않았다. 내가 그 학교를 떠날 때까지, 5학년에서 6학년이 될 때까지, 수진이는 여전히 초조해하며 학교생활을 하고 있었다.

다른 아이를 착취하며 자신의 울부짖음을 달래는 아이

아진이는 1학년 여학생이었다. 백설공주같이 하얀 얼굴을 한 엄석대 여자버전이었다. 《우리들의 일그러진 영웅》에 나오는 희대의 악역 말이다. 어디서 그런 계략이 나오는지, 아이들에게 사탕을 나눠주고 자기 말 안 듣는 친구에게 지금까지 나눠준 사탕을 가져오라고 협박했다. 안 가져오면 그것을 약점으로 삼아 그 아이에게 가방도 들게 하고 도서관 책 반납도 시켰다. 자기가 빌린 책을 돌려줄 때도 바닥에 던져서 그 아이가 주워가게 했다. 그렇게 두려움을 주며 자기 지배하에 친구를 두는 방법을 본능적으로 아는 학생이었다.

이런 아이를 다루는 방법은 의외로 쉽다. '내가 너보다 강하다.'는 것을 보여주면 된다. 이런 아이들은 힘 앞에 굴복하기 때문이다. 그렇게 우리 반 아이들은 아진이의 폭정에서 지켜졌다.

내게 가장 큰 문제는 아진이었다. 뒤틀린 마음으로 살아가는 아진이 자신에게서 아진이를 지키는 일. 나는 이 일에 실패했다. 실패를 복기해보면 원인은 분명했다. 아진이 어머니가 아진이 같은 사람이었다. 아진이 어머니는 그해, 나와의 관계에서는 문제가 없었지만 아진이가 2학년, 3학년이 되었을 때 그 반 선생님과 그 학급에 심각한 문제를 일으키셨다. 돌이켜보면 1학년 담임인 나에게는 복종을 하셨던 거고, 2~3학년 담임에게는 지배를 한 것이다.

아진이는 세상에 태어나서 엄마와의 관계를 통해 친밀함을 배우지 못한 대신 '세상에 존재하는 관계는 오직 지배와 복종뿐이다.'라는 거짓세계관을 배웠다. 그래서 친밀함을 채워야 하는 마음의 자리를 지배로 채우기 위해 기이한 방법을 쓴 것이다. 그렇게 무리해가며, 친구에게 온갖 두려움을 시전하며, 나에게 복종하라고 강요하고 있었던 것이다.

엄마의 전공은 내 아이의 속마음

학교에서 아이 문제로 어머니들과 상담하다보면 단골 멘트가 있다.

"학교에서는 정말 다른 모습이네요, 선생님. 집에서는 안 그렇거든요."

집에서 몰랐던 아이 내면의 문제를 학교생활을 통해 발견할 수 있는 것은 큰 축복이다. 아이는 아직 자기가 왜 울부짖고 있는지 잘 알지 못한다. 그때 엄마가 마음을 알아주고 결핍을 채워준다면 자녀는 얼마나 행복할까? 자녀의 속마음에 능숙한 엄마가 이렇게 할 수 있다. 그런 엄마들을 더 많이 만나고 싶다.

일이 왜 이렇게 되었을까?

뿌리를 내리지 못하는 아이들

교실에서 아이들을 보고 있으면 참 바쁘다.

"선생님 언제 마쳐요? 빨리 보내주세요. 학원 차 타야 해요."

학원차를 놓치는 건 아이들 안전과도 직결된다. 그래서 교사는 온 신경을 집중해 학원 차를 놓치는 아이가 없도록 하교에 신경을 쓴다.

이렇게 다음 스케줄, 다음 스케줄, 실려 다니는 아이들을 보면 염려가 된다.

> '이 작은 아이가 오롯이 존재의 뿌리를 내리고 머무는 순간은 언제일까? 하루 일과 중 하나라도 진득하게 정성을 다해 마음을 쏟는 일이 있을까? 곰곰이 스스로 생각해서 무엇을 시작해 끝을 맺는 일이 있을까? 이런 일들을 어디에서 배울 수 있을까?'

그러던 어느 날, 상담주간에 어머니들을 만나면서 아이들의 이런 모습이 어머니의 삶의 방식 그대로라는 것을 알게 되었다.

너무 바쁜 세상에서 고슴도치로 살기

《원씽》이라는 책이 오랫동안 베스트셀러다. 이 책은 "중요한 한 가지 일을 찾아서 그것에 전념하라."라고 한다. "모든 일이 다 중요하다는 것은 잘못된 믿음이며 멀티태스킹으로 여러 일을 하면 모든 일을 잘하게 되는 것이 아니라 하나의 일도 제대로 해내지 못한다."라고 말한다.

자녀를 위해서 최선을 다했지만 일이 이렇게 된 이유도

여기 있다. 정말 중요한 일을 놓치고 다른 일들을 열심히 한 것이다.

2500년 전, 그리스의 시인 아르킬로코스도 같은 말을 했다.

"여우는 많은 것을 알고 있지만 고슴도치는 하나의 큰 것을 알고 있다."

여우같은 사람이 되지 말고 고슴도치같은 사람이 되라는 말이다. 해 아래 새것은 없다. 세상은 자신의 유익을 위해 우리를 몰아간다. "많은 것을 아는 여우가 되어라. 그것이 성공이다. 그렇지 않으면 너는 실패할 것이다."라고 우리에게 속삭인다.

하지만 잘 생각해야 한다. 좋게 들리는 일에 함부로 자신을 내어주어서는 안 된다. 모든 마음과 뜻을 집중해 나와 자녀를 위한 한가지 일을 찾아내야 한다. 그리고 오랜 시간 동안 흔들림 없이 엄마됨으로 그 일에 헌신해야 한다.

이것은 내가 지난 20년간 학교 현장과 육아 현장에서 더 분명해진 생각이다. 세상은 점점 더 분주하고 휘황찬란해진다. 분별력을 가지고 중심을 잡지 않으면 흔적도 없이 휩쓸려갈 것이다.

헌신 없이 가능하다는 신기루

우리는 헌신이라는 말이 사라진 세상에 살고 있다. 이것은 속임이다. 제대로 된 결과를 얻기 원한다면 헌신은 필수적인 일이다. 왜일까? 오늘날의 세상에는 좋은 것들이 참 많다. 그리고 이 모든 것이 내게 가능한 것 같다. 하지만 사실은 전혀 그렇지 않다. 그 모두가 내 것이 될 수는 없다. 시간이라는 자원이 한정되어 있기 때문이다.

내가 요리 유튜브 영상을 10개 보았다고 해서 그 음식 10가지가 식탁에 차려져 있는 게 아니다. 그 중 한 가지를 결정해서 장을 보고 재료를 다듬어 만들어 내야 한다. 여기에는 많은 시간이 걸린다. 하루가 24시간으로 정해져 있기에 중요한 한 가지 일을 결정하고 나머지를 버려야 하는 것이다. 그런 후에 그 한 가지 일에 집중해야 한다. 시간과 정성을 들여 인내하며 노력해야 한다. 이것이 헌신이다. 그렇지 않고서 여기도 조금, 저기도 조금 온갖 좋아보이는 것에 나를 내어 준다면 어떻게 될까? 아무런 열매 없이 내 생명인 시간들이 사라져 있을 것이다.

자녀양육도 똑같다. 좋아보이는 모든 것을 해주고 싶지만 그런 태도는 결코 기대한 열매를 우리에게 주지 않는다.

신생아 때 가장 중요한 한 가지 일

"아이가 지금 신생아라면 가장 중요한 일이 무엇인가?"하는 질문에는 정답이 있다. 엄마가 자녀에게 신뢰감을 주는 일이다. 신뢰감을 주는 일이란 구체적으로 이런 일이다. 민감한 반응으로 아이 곁에서 필요를 채워주는 일. 사랑의 말을 들려주며 꼭 안아주어 아이의 정서를 돌보아주는 일. 배고파 우는 아이에게 젖을 물리고 기저귀를 갈아주는 일. 땀으로 흠뻑 젖은 몸을 깨끗이 씻겨주고 뽀송뽀송하게 닦아 쾌적한 옷을 입혀 주는 일.

신생아 시기에 이런 돌봄을 흡족하게 받은 아이들은 온

세상이 자기에게 이렇게 호의적이라는 인식을 갖게 된다. 물론 세상은 전혀 그렇지 않다. 그러나 이런 돌봄을 경험한 아이는 기대와 다른 세상에 압도당하지 않는다. 어린 시절 경험한 친밀함과, 받아왔던 지지로 자기 안에 내적인 견고함을 쌓아왔기 때문이다. 그런 자녀는 어떤 상황에서도 자신의 길을 찾아내고 헤쳐나갈 수 있다. 이것은 현대 심리학의 결론과도 같은 이야기다.

자녀가 자랐다면 가장 중요한 한 가지 일

자녀가 초등학생, 중고등학생이라도 마찬가지다. 엄마에게 가장 중요한 일은 하나다. 내가 자녀에게 가장 신뢰할 만한 사람이 되는 일, 조금 다르게 표현하면 자녀가 제일 좋아하는 사람이 내가 되는 일이다. 설명을 덧붙여보자.

사람은 옳은 말을 듣지 않고 좋아하는 사람의 말을 듣는다. 그래서 방탄소년단과 아이브가 그렇게 영향력 있는 것이다. 그들이 언제나 옳아서가 아니라 우리가 그들을 좋아하기 때문이다. 여기서 이런 생각이 들 수 있다. 중년의 아줌마인 내가 아이돌 가수와 경쟁한다고? 세상에서 제일 멋있고 제일 예쁜 그들과? 내 자녀와 떨어져 살기에 자신의 성질을 숨기며 이미지 관리가 가능한 그들과?

하지만 조금 더 생각해보면 그게 다가 아님을 알 수 있다. 방탄소년단은 내 자녀가 힘들 때 곁에 있어줄 수 없다. 또 그들은 내 아이에게 소중한 일을 함께해 줄 수 없다. 내 자녀의 기쁨과 슬픔을 나누는 일, 내 자녀만의 독특한 정체성을 알아봐주고 그것을 불러주는 일은 엄마인 내가 제일 잘할 수 있다.

나에게 소중한 친구를 잘 생각해보면 가장 힘들 때 내 슬픔을 나누었던 친구다. 아무도 이해 못 하는 나의 갈망을 이해해 준 친구, 아무에게도 하고 싶지 않은 내 이야기를 캐묻지 않던 친구. 조용히 내 뒤에 서서 따뜻한 눈길을 멈추지 않던 그런 친구다. 그런 친구에게 우리는 우리의 아픔과 슬픔을 이야기하게 된다. 그리고 그런 사람을 좋아하게 된다. 그 후로 오랜 시간이 흐르는 동안 그 친구가 내 신뢰를 받기에 합당하다고 여겨질 때, 우리는 더 깊은 관계의 성을 쌓아간다. 서로의 사이에 존중과 사랑이 흐르기 때문이다.

지금 내 자녀가 초등학생이나 중고등학생이라면 시작해야할 일이 이것이다. 우리 사이에 깊은 신뢰를 쌓는 일, 이것이 가장 중요한 한 가지 일이고 엄마인 내가 가장 잘할 수 있는 한 가지 일이다.

우리가
잃어버린 것들

유토피아, 디스토피아

“지금이 2050년이라고 생각해보세요. 세상에는 이미 AI가 사람을 대신하고 있어요. 그리고 여러분은 세계 최고 부자예요. 최고로 요리 잘하는 AI, 최고로 똑똑한 가정교사 AI. 가격이 몇 억이라도 모두 구입할 수 있습니다. 여러분은 돈이 엄청 많으니까요, 자, 결혼을 했어요. 날 닮은 귀여운 아이가 태어났네요. 으리으리한 저택에서 아이에게 최고로 잘 해줄 수 있는 AI를 10대 구입했어요.

사람보다 낫죠. 사람은 실수를 하지만 AI는 실수가 없으니까요. 사람은 짜증을 내지만 AI는 늘 친절하잖아요. 이 AI들이 지상 최고의 퍼포먼스로 내 아이를 키울 거예요. 정확한 온도의 물로 아이의 분유를 타고, 정확한 온도의 물로 아이를 씻길 거예요. 와, 너무 좋죠?"

교실 안 아이들의 표정이 일제히 어두워졌다. 몇몇 아이들은 비명을 질렀다.

"으아악!"

"아니, 표정들이 왜 이런 거예요?"

"선생님, 생각만 해도 끔찍해요.", "너무 오싹해요."

"왜 그런 느낌이 드는 걸까요? AI가 무슨 귀신도 아닌데요."

"모르겠어요, 선생님. 설명을 못 하겠어요. 근데 뭔가 이건 아닌 것 같아요."

엄마의 마음은 화초의 토양

사람은 화분에 심긴 화초같은 존재다. 이것은 정확히 무엇을 의미할까? 여리고 작은 화초가 화분에서 자란다. 화초는 화분 속 토양에 뿌리를 내려야 산다. 매일 조금씩 천천히 잔뿌리를 내려 토양 안으로 들어가야 한다. 그곳에서 단단히 자신을 지탱하여 양분을 얻고 수분을 빨아들여야 한다. 오랜 시간에 걸쳐 뿌리가 토양에 튼튼히 내려졌다면 화초는 잘 자랄 수 있다. 이렇듯 화초의 견고함은 보이지 않는 곳의 뿌리에서 시작된다.

그렇다면 사람이라는 존재는 어디에 뿌리 내릴까? 자신을 양육해주는 엄마의 마음이다. 현대 심리학이 0세부터 3세까지의 주양육자를 중요시하는 이유가 여기에 있다. 한 사람의 존재가 얼마만큼 견고해질 수 있느냐는 세상에 태어나 처음 경험한 주 양육자의 마음에 얼마나 이 아이가 잘 뿌리 내렸냐에 달려있다.

뿌리내릴 곳이 없는 아이의 마음

앞의 이야기로 돌아가보자. 내 자녀를 완벽한 AI가 키운

다고 할 때 왜 오싹한 느낌이 들까? AI에게는 마음이 없기 때문이다. 신생아에게 엄청난 기술은 아무 소용이 없다. 필요한 것은 기술이 아닌 사람의 마음이다. 아이 안에 있는 마음은 본능적으로 사람의 마음을 갈망한다. 헌신된 한 사람의 전 인격. 엄마의 마음과 아이의 마음이 연결될 때 비로소 아이는 자기 존재의 뿌리를 내리기 시작한다. 거기서부터 엄마와 아이의 두 인격 사이에서 사랑의 강이 흐른다. 이것이 아이의 마음이 가장 갈망하는 일이다. 우리가 AI에게 이것을 기대할 수는 없다.

어른은 이 맥락을 이해할 수 있어서 AI에게 그런 것을 기대조차 않겠지만, 갓 태어난 아이는 그럴 수 없다. AI에게는 아이의 마음이 갈구하는 마음이 없다. 아이라는 화초가 뿌리내릴 곳이 없는 것이다. 그래서 아이의 마음이 죽게 된다. 이것이 AI가 갓난아이를 키우면 일어나는 일이다. 아이들이 무의식적으로 이 느낌을 알아서 그렇게 끔찍해하고 오싹해한 것이다.

AI를 닮아가는 사람들

학교생활 중 특별히 힘들었던 시기의 일이다.

"지수야, 안녕?", "경민아, 안녕?" 하고 인사를 하는데, 거기에 내 전인격을 담을 수 없던 때가 있었다. 많은 업무를 감당하던 해였다. 이 아이들의 마음이 다 살아나서 행복한 학교생활을 하는 것이 내 가장 큰 소원인데, 나의 이런 인사에 어떤 마음이 살아나겠나 싶었다. 쓸 수 있는 에너지는 한계가 있고 일은 늘어가니 인사의 질이 떨어져 갔다. 나 자신이 마음 없는 AI가 되어가는 것 같았다.

모든 가치있는 것은 사람의 마음에서 시작한다

《내가 가진 것을 세상이 원하게 하라》의 저자 최인아 대표는 '태도가 경쟁력'이라는 말로 많은 사람들의 공감을 얻었다.

여기서 태도는 무엇일까? 한 사람의 마음에서 나오는 전인격의 반응이다. 이런 진실한 태도는 사람의 마음에서 표명되는 것이다. 마치 살아있는 꽃이 꽃씨 안에서 피어나듯

이 말이다. 죽은 조화는 종이로 조각조각을 만들어 붙여야 한다. 살아있는 생명이 그 속에 없기 때문이다. 생명이 없기에 피어나올 수 있는 무엇이 없다. 다만 겉모습을 흉내내어 오리고 붙여 만들어질 뿐이다. 그래서 조화에는 향기도 생기도 찾아볼 수가 없다.

최인아 대표가 강조하는 '업의 본질을 꿰뚫는 관점', '세월도 어쩌지 못할 자기 세계', '우리 안의 재능을 꽃피우는 원동력'. 이런 태도는 사람의 마음에서 스스로 터져나오는 살아있는 무엇이다. 정말 가치로운 것들이다. 내 자녀가 이러한 생명을 표명할 수 있도록 엄마의 마음과 아이의 마음이 연결되는 것이 중요하다.

이런 중요한 일을 해야 할 엄마의 마음이 준비되어 있지 않다면 어떻게 될까? 아이의 마음은 이런 태도를 피워내지 못한다. 그저 기능과 기술을 쌓는 것이 다일 것이다. 최고의 기술을 가진다 해도 마음에서 피어나는 태도를 갖추지 못한다면 아이는 AI와 경쟁해서 질 수밖에 없는 기술자로 전락할 것이다.

지금 되찾아야 할 것 : 엄마의 마음

우리가 잃어버린 것은 사람의 마음이다. 이 마음을 찾아와야 한다. 온전한 마음을 가져서 100%를 사용할 수 있는 엄마가 되어야 한다. 이렇게 마음을 쓸 수 있는 사람은 좋은 태도를 열매 맺는다. 태도라는 것이 마음의 총체적인 반응이기 때문이다. 정직, 사랑, 신실함과 헌신, 열정과 끈기, 인내와 그릿(grit). 이 모든 가치 있는 태도가 사람의 마음에서 시작된다.

내 마음의 토양에서 자녀 마음의 뿌리가 견고해졌나 살펴보자. 혹시 엄마의 마음이 굳어있다면 먼저 내 마음을 돌볼 일이다. 나의 마음이 생명의 신선함으로 가득 찰 때까지 다른 모든 일을 멈추고 그 한 가지 일에 집중해야 한다. 엄마의 마음이 기름진 밭이 되어 자녀라는 존재의 뿌리를 깊이 받아낼 수 있기까지 이 일에 우리 자신을 헌신해야 한다.

혹 지금의 내가 마음을 얼려버려야 간신히 존재할 수 있는 상황이라면, 이전의 내가 생존을 위해 마음을 잘라내어야 했던 순간이 있었다면, 지금 이 자리에서 내 마음을 되찾아와 살려내자. 구체적인 방법이 153~159쪽에 나온다. 그렇게 해서 회복된 나의 마음에 자녀의 마음을 옮겨 심어가자.

달라진 교무실 풍경과 교장 선생님의 고뇌

어떤 날의 교무회의

"김 선생님이 틀린 말을 하신 건 없는데요. 너무 많은 말을 해버리셨어요."

수심이 가득한 얼굴로 2년 후배 박 선생님이 말문을 열었다.

박 선생님이 말씀하신 김 선생님은, 지난해 우리 학교로 전근 온 20대 후반의 교사였다. 밝은 성격에 일 처리도 좋아서 올해 학교에서 많은 업무를 감당했다. 우리는 그런 김 선생님에게 늘 감탄했다.

문제는 학년 말 성과급 기준을 정하는 교무회의에서였다. 애매한 분위기에서 교감 선생님은 각 선생님들이 적극적으로 의견을 내주기를 원하셨다. 한 사람씩 지명하시며 말씀을 유도하셨지만 아무도 별말이 없었다. 나이순으로 내려가다가 김 선생님까지 온 것이다.

"김 선생님, 말씀해보세요."

"올해 저희 학교에서 연구학교를 했기 때문에 해당 업무를 맡으신 선생님이 높은 성과급을 받는 것이 맞다고 생각하구요, 나머지 선생님들은 아무래도 일을 덜 하셨으니까 그 부분에 대해서 정확하게 하는 것이 좋을 것 같습니다."

학년지도에 열심인 이 선생님이 일어나서 말씀을 하셨다.

"그 말은 맞지만 교사의 본분은 학생을 지도하는 일입니다. 각 반에서 여러 가지 일들로 애쓰고 고생하신 담임교사의 노고를 정확히 반영하는 기준도 꼭 필요합니다. 저같은 경우에 여기 계신 모든 선생님이 잘 아시는 것처럼 올해 제가 맡은 학급에 심각한 일들이 많았습니다. 업무는 교과서 관리로 그렇게 큰일이 아니었지만 저는 학급 일로 많은 시간과 에너지를 쏟았습니다. 업무의 크기로만 A등급 교사, B등급 교사를 나눈다면 저뿐 아니라 여기 계신 많은 다른 선생님들이 선뜻 동의하기 어려우실 것이라 생각합니다."

"김 선생님, 할 말 있어 보이네요?"

교감 선생님이 말씀하셨다.

"선생님, 그건 아니잖아요. 아무리 학생지도에 애를 쓰셨어도 어떻게 교과서 관리랑 연구업무가 같은 성과급이 될 수가 있어요? 교과서 나눠주는 데 무슨 힘이 들어요?"

예의 바른 얼굴과 청량한 목소리로 김 선생님이 말했다. 이 선생님 눈에서 불꽃이 튀었다.

"여기까지 하고 나머지는 부장회의에서 마무리 짓겠습니다."

얼어붙은 교무실 공기를 뒤로 하고 나는 3층 교실로 올라갔다. 곧 옆반을 담임하는 2년 후배 박 선생님이 우리 교실에 들어왔다. 우리는 서로 이 불편한 마음을 어떻게든 해결하고 싶었다. 나는 일단 찻물을 끓였다. 수심이 가득한 얼굴로 2년 후배 박 선생님이 말문을 열었다.

"김 선생님이 틀린 말을 하신 건 없는데요. 너무 많은 말을 해버리셨어요."

쾌도난마. 박 선생님은 짧은 두 문장으로 오늘 회의의 본질을 꿰뚫었다. 나는 거기에 더이상 얹을 말이 없었다.

그 후 너무 많은 말을 해버린 김 선생님은 어려운 시간을 보냈다. 그해 학급지도로 애를 쓰신 이 선생님도 고단한 시간을 보내셨다. 성과급 기준이 사실상 업무의 크기로 정해졌다. 이 선생님은 교직 자체에 회의를 느끼시는 듯했다.

달라진 분위기의 본질

내가 몸담았던 20년 동안 대한민국의 학교 현장은 몰라

보게 달라졌다. 통지표가 대표적이다. 예전 우리가 받던 통지표를 보면 각 교과목 옆에 점수가 적혀 있고 '수우미양가' 중 한 글자가 적혀 있었다. 그리고 선생님의 총평이 몇 문장 적혀 있었다. 정량평가, 정성평가의 정수다. 누가 봐도 무슨 뜻인지 정확하게 알 수 있는 내용으로 교사가 학부모에게 전달했다. 그리고 그 양은 많지 않았다. 더 많은 이야기가 필요치도 않았다.

그런데 요즘 통지표는 다르다. 점수나 수우미양가가 없다. 그리고 매우 방대한 분량의 과목별 멘트가 있다. 퇴임을 앞둔 선생님들은 언제나 그런 아쉬움을 표하셨다.

> "옛날 통지표가 훨씬 유용해. 엄마들이 이걸 보면 우리 애가 잘했다는 건지 못했다는 건지 한 번에 알 수가 있을까? 잘하건 못하건 다 좋은 말만 적혀 있는데."

내가 하고자 하는 말의 핵심은 이것이다. 통지표 한 장을 작성하는 데 이전보다 몇십 배 복잡한 일을 한다. 이 똑같은 원리가 모든 업무에 적용된다. 그러니 업무 분장에 교사들이 매우 민감해졌다. 이런 상황이 교무실의 분위기를 예전과 같지 않게 만들었다.

나는 1억원가량의 예산을 집행하는 업무를 맡은 적이 있었다. 교실 하나를 리모델링 해서 강사를 뽑고 1년 내내 프로그램을 진행하는 일이었다. 공무원은 서류로 말한다. 1억 예산을 집행하는 데 얼마나 많은 서류가 필요한지 그때 알았다.

이렇게 교사 한 명이 담당하는 업무의 볼륨이 20년 전과 비교할 수 없이 커졌다. 교실 속 아이들의 태도는 무엇을 상상하건 그 이상이다. 그리고 한 사람이 쓸 수 있는 에너지는 20년 전이나 지금이나 비슷하다.

교장선생님의 고뇌

이 모든 폭풍의 한가운데 교장선생님이 계신다. 업무로 인한 교사 안의 갈등들, 학생의 문제를 변호사로 풀어가려는 학부모, 교사와 교장의 권위에 대한 인식의 변화. 내가 지켜본 교장선생님들은 이 모든 폭풍의 한가운데에 서 계셨다. 거기다 학교가 맡게 되는 방대한 일들은 교장선생님께도 영향을 미친다. 이것은 업무의 양이 증가하는 배경설명이 되기도 하지만, 교장선생님 입장에서 보면 사고 발생의 확률이 끝도 없이 높아지는 요인이 되기도 하기 때문이다.

대부분의 교장선생님은 평생 교직생활을 한 후 퇴직금으로 여생을 살아가신다. 재직 기간 중 예기치 않은 사건사고를 만난다면 퇴직금이 소멸될 수 있다. 우리는 시간 속에서 이렇게 나약한 자들이다. 내가 교직생활 초기에 만났던 교장선생님들은 하나같이 강직하시고 소신 있으셨다. 학부모와 교사들, 학생들 앞에서 아닌 것을 아니라고 분명히 말씀하실 수 있는 용기있는 분들이셨다. 그때만 해도 사회적인 분위기가 교사와 교장선생님의 권위를 인정해주는 편이었기 때문일 것이다.

하지만 지금은 분위기가 좀 다르다. 엄마품 종일 돌봄교실 같은 사업으로 높아져 버린 사고의 위험성, 교장선생님의 퇴임 이후를 볼모 삼아 밀고 들어오는 학부모들, 해마다 늘어가는 책임들 속에서 교장선생님은 날마다 타협하지 않을 수 없는 자리로 밀려가시고 있는지도 모른다. 우리 모두의 비극이라 본다.

우리 모두는 연결되어 있다

3학년 음악책에 〈작은 세상〉이라는 노래가 있다.

함께 나누는 기쁨과 슬픔,
함께 느끼는 희망과 공포,
이제야 비로소 우리는 알았네
작고 작은 이 세상

아닌 것 같지만 조금 살아보면 깊이 깨닫게 된다. 내가 한 존중이 작고 작은 세상을 거쳐 결국 나에게 돌아온다는 사실을. 나는 이것이 오늘날의 학교를 회복하는 첫걸음이라 생각한다. 그 반대가 얼마나 정확히 작동하는지, 우리 모두 충분히 경험하고 있지 않나.

모든 것을 책임지겠다는 것은 아무것도 책임지지 않겠다는 것이다

일어날 수 없는 일은 없다

천지분간 못 하는 어린아이를 키우다보면 '사람이 죽지 않고 살아서 어른이 되는 것이 기적이구나.' 싶을 때가 수도 없이 많다.

"저희 딸 세 살 때 일이예요. 저랑 딸이랑 둘이서 집에 있었어요. 커피 한 잔 마시려고 식탁 위 무선주전자에 물을 끓이는데 딸이 아래에서 전기줄을 잡아 당긴 거예요.

팔팔 끓는 물을 세 살배기 딸이 그대로 뒤집어썼어요."

10년 전 일을 담담히 말씀하시던 한 어머니의 표정을 잊을 수가 없다.

나도 그런 일이 있었다. 누워만 있던 갓난아이가 자라 몸을 움직이며 탐색하는 시기가 오면 집 안의 모든 물건을 수납장에 넣어야 한다. 아이가 눈에 들어온 물건을 모조리 입에 넣고 삼키기 때문이다. 첫째가 딱 그 시기이던 때 일이다. 내가 동전지갑을 정리하고 있는데 아이가 내 앞에 왔다. 그렇게 가만 쳐다보더니, 잽싸게 동전을 잡아 입에 넣고 삼켰다. 작은 목구멍에 동전이 걸렸다. 켁켁 대더니 호흡이 어려운지 얼굴이 하얗게 질렸다. 나는 손가락을 집어넣어 아이 목에 걸린 동전을 빼내었다. 자지러질 듯이 우는 아이. 동전을 빼내다 편도선 부근에 상처가 났는지 내 손가락에 피가 묻어나왔다. 아이의 울음은 그 후에도 계속 되었다. 그래도 숨은 편히 내쉬며 울고 있었다. 얼굴 색깔이 돌아오고 있었다.

밤 10시가 넘은 시간이었다. 남편은 고속버스를 타고 집으로 오고 있었다. 동전지갑을 열어 동전을 세어보니 하나가 모자란 것 같다. '동전 2개를 삼켰는데 그 중 하나만 빼냈으면?' 하는 생각이 들었다. 다급히 아이를 안고 종합병원 응급실로 향했다. 엑스레이 촬영을 해보니 아이가 다른 것을 추가로 삼키지는 않았다. 얼마나 마음이 놓이던지. 가슴을 쓸어내리는데 눈물이 떨어졌다.

"어머니, 진정하세요. 아기 괜찮아요. 사실 동전은 그렇게 큰일 아니예요. 배변으로 다 나오구요. 정말 위험한 건 수은전지 이런 거 있죠, 작고 동그란 전지. 그런 게 심각하죠. 생명이 위험하거든요."

아이를 담당하셨던 선생님이 말씀해주셨다.

아, 세상에는 수은전지를 삼키는 아이도 있는 것이다.

'수은전지를 삼킨 아이를 안고 온 엄마의 마음은 어떠할까?'

생각이 여기에 미치니 정신이 아득해졌다. 집으로 돌아오는 길에 나는 세상의 모든 아이와 세상의 모든 엄마에 대해 생각하게 되었다. 엄마의 손에 자신의 전 존재를 의탁한 어린아이와, 자녀가 아이일 동안 그의 안전을 위해 전능자의 배역을 수행해야 하는 엄마의 한때를 생각하게 되었다.

완벽한 돌봄이라는 환상

생모가, 젖먹던 힘을 다해 아이 하나를 양육해도, 아이는 끓는 물을 뒤집어 쓰기도 하고, 동전을 삼키기도 한다. 이것이 현실이다. 이런 일을 경험한 나로서는 아이가 건강히 살아서 존재한다는 사실이 기적 같다.

이런 경험 때문에 나는 '엄마품 종일 돌봄교실' 같은 말에도 큰 환상을 가지지 않는다. '엄마품 같이 아이들을 돌보아주고 싶어하는 마음이겠구나. 감사한 일이다. 하지만 엄마품에서도 아이는 다치기도 하는 걸.' 정도의 생각을 한다.

미국의 깨달음

1990년대 이후 많은 미국 기업이 중국에 공장을 설립했다. 중국의 인건비가 미국에 비해 훨씬 낮으므로 중국에 공장을 짓는 일은 비용절감에 큰 도움이 되었다. 너도나도 중국에 공장을 짓기 시작했다. 하지만 이 일은 장기적으로 미국의 제조업을 무너지게 하는 결과를 초래했다. 거기에다 중국의 노동비용이 상승하여 사실상 비용절감에도 큰 도움을 주지 못하게 되었다. 또한 중국산 제품을 수입할 때 관세가 부과되는 문제나 미국으로 물건을 이송하는 데 많은 시간과 비용이 들어가는 점, 마지막으로 미국 본사의 인력이 중국에 직접 가서 기술지원이나 품질관리를 하는 데 어려움이 있는 점 등을 고려하여 현재 많은 미국의 기업들이 중국 공장을 미국으로 이전하고 있다. 큰 대가를 치르며 이 일이 진행된다.

미국의 산업에서 일어난 이 일을 잘 생각해 보았으면 한다. 가정에서 감당해야 할 일을 학교나 사교육에 모조리 떠맡기진 않았는지. 저를 전적으로 믿으시라는 마케팅이 있다면, 우리는 일이 정말 그렇게 작동할까 생각해보아야 한다. 분별력 있는 엄마라면 지금 당장의 유익이 다가 아님을 알아볼 수 있을 것이다. 생각지도 못한 영역에서 먼 훗날 엄청난 대가를 치르지는 않을지 따져보아야 한다.

학교는 엄마의 상상력과 신뢰로 이루어진 현실?

《사피엔스》를 쓴 유발 하라리는 국가가 인간의 상상력과 신뢰로 이루어진 현실이라고 주장했다. 그러니까 국가라는 현실은 실재하지 않는 존재이며 인간의 상호작용에 의해 유지되고 있는 실체 없는 허상같은 것이라는 의미다. 나는 이 개념에 전적으로 동의하지는 않지만, 유발 하라리의 이 주장은 엄마인 나에게 깊이 생각할 거리를 던져 주었다.

이제는 안개를 걷어내고 선명히 보아야할 때

유발 하라리의 주장에 국가 대신 학교를 넣어보자. '학교'라고 할 때 학교의 실체는 무엇인가? 학교에서 무상급식을 한다고 할 때 이 말은 학교가 정확히 무엇을 해준다는 뜻일까? 학교가 부자라서 학부모 대신 급식비를 지불한다는 뜻일까? 아니다. 무상급식의 비용은 학부모인 우리의 세금으로 충당한다. 그러니 잘 생각해보면 '학교가 무상급식을 제

공한다.'는 말은 정확한 표현이 아님을 알 수 있다.

또 있다. 사교육비 절감을 위해 "학교가 방과후교실을 운영한다."라고 한다. 이 말에서 학교의 실체는 무엇인가? '학교'가 인격체라서 방과후교실에서 실제 내 아이를 가르치나? 전혀 그렇지 않다. 방과후교실에서 내 아이를 가르치는 교사는 방과후 강사 선생님이다.

학교가 무상급식을 하고, 사교육을 커버하고, 엄마품까지 감당하겠다는 말들은 정확히 무슨 뜻인가? 누가 무엇을 어떻게 한다는 것인지 엄마인 내가 정확한 개념을 가지고 있어야 한다.

2장

내가 만난 학부모님

공부는 학원에서 다 하지 않아요?

언어와 인식

2007년의 일이다. 함께 근무했던 학년부장 선생님이 말문을 여셨다.

"선생님, 요즘 애들이 왜 선생님을 가볍게 여길까 생각해 봤는데, 학교 입학하기 전부터 선생님을 너무 많이 만나서 그런 것 같아. 그렇잖아, 어린이집에 가도 선생님, 학습지 방문 선생님도 선생님. 그런데 그런 선생님들은 다들 자기한테 맞춰주잖아.

그런데 아이들은 학교 선생님이 예전에 만났던 그 선생님처럼 안 해주면 이게 이상한 일인 거야. 그런 생각으로 집에 가서 엄마한테 말을 하는 거야. 어때 내 생각이 맞는 것 같애?"

"부장선생님, 맞는 말씀 같아요. 사람은 언어로 세상을 인식하잖아요. 아이들이 처음 경험한 '선생님'이 자기들을 그렇게 대해 주었을 테니 똑같이 '선생님'이라고 부르는 학교의 '선생님'이 다른 존재라는 생각을 못할 것 같아요."

여러분, 선생님은 국가 임용고사에 합격한 '학교 선생님'이예요

2010년대 일이다. 학기 초였다. 맡은 업무에 1학년 선생님 사인이 필요해서 1학년 연구실에 갔다. 차를 한 잔 주셔서 사인을 받으며 마시고 있었다. 참하신 1-3반 선생님이 울상을 하고 연구실에 들어오셨다. 선생님은 아이를 출산한 후 1년 육아휴직 뒤에 복직하신 분이었다.

"선생님, 오늘 제가 우리 반 아이들 붙들고 무슨 이야기 했는지 아세요? 제가 하도 답답해서 이런 말을 했어요. 여러분, 선생님은 우리 친구들이 입학하기 전에 만났던 선생님들과는 다른 선생님이예요. 선생님은 나라에서 실시하는 임용고사에 합격한 '학교 선생님'이예요."

우리는 모두 조용히 웃었다. 1학년 부장선생님이 말씀을 건네셨다.

"아이들이 알아 듣던가요?"

"부장선생님, 저도 잘 모르겠어요. 어쩜 이렇게 한 해 한 해가 다르게 선생님 말에 집중하는 아이들 능력이 떨어질까요? 오늘도 하루종일 그런 모습을 보고 힘이 빠져서 무슨 말이라도 하고 싶어요. 1학년을 앉혀 놓고요. 저도 참."

그리고 10년 후, 2020년대, 세상은 생각보다 더 아스트랄

해져 갔다.

“어머, 선생님이세요? 아, 꿀이시다 진짜. 요즘 애들 공부는 다 학원에서 해가지. 학교 선생님이 하는 게 뭐 있어요. 얼마나 좋아요?”

티없이 맑은 마음에서 나오는 상냥한 목소리였다. 그렇게 밝은 표정 앞에서 마음이 상하기란 어려운 노릇이다. ‘이치에 맞지 않은 말인데’ 싶었던 나는 ‘여기는 어디며 나는 누군가’ 싶었다.

“엄마들끼리 모이잖아요. 그러면 우리는 매일 이런 이야기를 해요. 학교 선생님은 얼마나 좋을까? 잘릴 일이 있나, 때 되면 따박따박 봉급 나와, 어디 가서도 선생님이라 그러면 나쁘지 않지. 세상에서 제일 부러운 직업이라 그래요. 엄마들 모이면.”

이사 간 동네에서 알게 된 아이 친구 엄마였다. 학교에서 담임교사와 학부모로 만난 자리는 아니었지만 ‘무슨 일 하세요?'로 시작된 대화에서 나는 요즘 학부모들의 속마음을 들을 수 있었다.

인식의 중요성

'학교 선생님이 하는 게 뭐 있어요. 공부는 다 학원에서 하는데'라고 선생님을 생각하는 어머니가 있다. 그 어머니의 자녀가 학교 선생님의 말을 존중할 수 있을까? 불가능한 일이다.

이전에는 '학생들이 학습지 선생님과 학교 선생님을 비슷하게 생각해서 예전같은 권위가 없어졌구나' 하고 생각했다. 이제는 다른 이유도 알게 되었다. 어머니들의 인식이 이런 것이다.

엄마가 이렇게 교사를 인식한다면 아이들이 엄마를 생각하는 방식에도 영향을 미칠 수가 있다

전체는 부분의 합 그 이상이다

“요즘 엄마가 하는 게 뭐 있어요. 밥은 다 배민에서 불러 먹는데”라고 한다면 얼핏 맞는 말 같지만 사실이 아니다. 밥하고 빨래하고 청소하고. 이게 엄마의 대표적인 일이다. 그런데 밥은 식당이, 빨래는 세탁기와 건조기가, 청소는 로봇 청소기가 한다.

그러면 엄마는 아무 일도 안 하는 사람인가? 그렇지 않다. 엄마라는 인격을 가진 존재 자체가 해내는 일이 있다. 이 부분을 지나쳐버리면 안 된다. 엄마의 기능에만 초점을 맞추면 안 된다.

자녀를 생각할 때도 교사를 생각할 때도 그렇다.

먼저, 자녀를 생각해보자. 자녀의 주된 일은 학업이다. 그래서 내 자녀가 공부만 열심히 한다면 그러면 자녀는 다른 일을 할 필요가 없는 걸까? 그렇지 않다. 내 자녀라는 인격을 가진 존재 자체가 해내는 일이 있다. 그 일을 지켜봐주고 격려해주는 게 엄마의 중요한 역할이다.

이 부분을 지나쳐버리면 안 된다. 자녀의 전인격이 기차

레일이라면 성적과 같은 기능들은 그 위를 지나가는 기차와 같다. 엄마는 자녀의 기차레일과 기차 모두를 다 신경써야 한다. 하나라도 제대로 되지 않으면 둘 다 제대로 되지 않는 것이 이 일의 이치이기 때문이다.

엄마는 자신의 전인격을 가지고 내 자녀만이 고유하게 가지고 있는 특성, 그것을 바라보고 불러주어야 한다. 그 시선과 음성 안에서 자녀가 활짝 피어날 수 있도록 인내를 가지고 도와야 한다.

전체와 맥락을 읽을 줄 아는 엄마

이제는 교사를 생각해보자.

학교 선생님이 학습지 방문 선생님과 다른 점. 학교 선생님이 학생들을 대하는 것은 학원이 하는 교과지도 그 이상이라는 점. 이런 부분을 놓치지 않는 엄마가 되어야 한다. 왜냐하면 그런 엄마만이 가정에서도 똑같이 보이지 않는 맥락을 읽어내기 때문이다.

전체와 맥락을 읽을 줄 아는 엄마가 자녀를 온전하게 양육할 수 있다. 그런 엄마 밑에서 전체와 맥락을 읽을 줄 아는 자녀가 자라난다.

젊은 사람이 선생 오래 안 하고 싶은가 봐?

피해의식이라는 독초

좋은 엄마가 되기 위해서는 자신의 마음에 무엇이 있는지 살펴볼 줄 알아야 한다. 부모의 마음밭에 심긴 독초가 자녀의 삶에 영향을 미치기 때문이다. 이번에는 피해의식이라는 안 좋은 마음이 어떻게 자녀에게 악영향을 끼치는지 살펴보려 한다. 피해의식으로 가득한 마음은 어떤 일을 있는 그대로 보지 못하게 만든다. 그래서 결국 잘못된 해결책을 모색하게 한다. 이런 삐뚤어진 현실 인식과 왜곡된 해결책이 자녀의 미래를 어둡게 한다. 부모 스스로 자신의 마음을 헤아려서 피해의식이라는 독초를 제거할 수 있어야겠다.

어느 해, 6학년 여학생

"젊은 사람이 선생 오래 안 하고 싶은가 봐?"

혜원이 어머니는 굉장히 젊으셨다. 30대 중반 정도로 보였다. 친구들을 몇 명 데려오셔서는 교실문을 열자마자 대뜸 이 말부터 하셨다.

사실 혜원이에게 큰 문제가 있는 것은 아니었다. 우리 반에서 제일 인기있는 여학생 3명이 서로 친했는데 혜원이가 그 무리에 끼고 싶어했다. 그런데 이건 선생님이 같이 놀아주라고 한다고 되는 문제가 아니다. 그 친구들에게 혜원이가 받아들여져야 되는 문제였다.

혜원이가 친구가 없는 것도 아니었다. 단짝 친구 1명도 있고 다른 친구들과도 잘 어울려 노는 편이었다.

혜원이는 이 여학생 3명이 자기를 왕따 시킨다고 엄마에게 말했다고 했다. 그리고 선생님께도 쭉 말씀드렸는데 해결을 안 해주신다고 엄마에게 거짓말했다는 것을 알게 되었다. 그래서 이 일을 해결하러 엄마가 온 것이다. 혜원이 어머니는 일단 교장실로 가셨다. 교장선생님께 가서 딸이 해준 이야기를 그대로 전하셨다.

"교장선생님, 지금 학급에서 왕따문제가 생겼는데 담임교사가 신경을 전혀 쓰지 않습니다. 저희 딸이 친구도 아무도 없이 따돌림을 당하고 있는 것을 보고만 있을 수가 없어서 학교에 왔습니다. 교장선생님이 신경을 좀 써주세요."

지혜로우신 학년 부장선생님의 충고

혜원이는 엄마와 같이 학교에 와서 복도에 서 있었다. 그러다 교실에 와서도 앉았다. 나는 혜원이에게 어떤 마음을 가져야할지 선뜻 판단이 서지 않았다. 저렇게 거짓말이라도 해서 억지로 그 친구들과 친하고 싶어하는 마음을 일단 혜아려야 하는지, 아니면 거짓말로 나를 난처하게 하는 교활함을 먼저 꾸짖어야 하는지. 꾸짖자니 아이와 소통이 어려울 것 같고, 이해해보려니 이건 아니다 싶었다.

이럴 때는 부장선생님을 찾아가서 여쭈는 것이 제일 좋은 방법이다. 부장선생님께서는 혜원이의 태도를 잘 지켜보라고 하셨다. 그 아이가 뉘우치거나 조금이라도 양심에 거리껴하는 느낌이 있으면 잘못을 타이르라고 하셨다. 하지만 그렇지 않고 자신이 담임교사를 조종하고 통제할 수 있다고 여기며 좋아하기만 하거든 아무 말도 하지 말고 더 지켜보라고 하셨다. 겨울방학이 얼마 남지 않은 상황이기도 했다.

부장선생님의 말씀을 듣고 교실로 돌아갔다. 교장선생님이 나를 부르셨다. 혜원이 엄마와 대화 나누시면서 석연치 않은 부분을 느끼셨는지 나에게 상황에 대한 설명을 다시 부탁하셨다. 나는 차근차근히 설명을 드렸다. 교장선생님은 이야기를 다 들으신 후 우선 혜원이가 그 아이들과 잘 지낼 수 있도록 선생님이 조금 신경을 써주면 좋겠다고 하셨다. 그 다음 날이 자리를 바꾸는 날이었다. 번호표 뽑기로 자리를 정하는데 혜원이가 마침 그 3명의 여학생들 중 한 명과

짝이 되었다. 그래서 내가 일부러 조치를 취하지 않고도 교장선생님의 말씀을 지킬 수 있게 되었다.

삐뚤어진 마음이 느끼는 행복

그 다음 날 혜원이의 모습은 예상 외였다. 엄마가 교장선생님을 만났다는 사실을 아이들에게 자랑했다. 나에게 와서도 눈을 맞추며 환하게 웃었다. 양심에 거리낌이 없어 보였다. 엄마가 치맛바람을 휘두르고 가셔서 모든 것이 자기 마음대로 되고 있다는 생각에 그저 기쁘기만 한 모양이었다. 놀라운 광경이었다.

그러던 차에 문제는 그 3명의 여학생과 혜원이 사이에서 터졌다. 3명 여학생 중 리더격이 되는 아이가 혜원이에게 따진 것이다.

"우리가 언제 너를 왕따시켰어? 우리는 너를 한 번이라도 안 좋게 대한 적이 없어. 네가 우리랑 놀고 싶어 한 거지 우리가 너를 괴롭힌 게 아니잖아."

이 정확한 말 앞에서 혜원이는 아무 말을 못했다. 나는 가만히 상황을 지켜봤다. 혜원이는 짝에게도 맞는 말을 계속 듣고 있었다.

"거짓말을 하는 사람과는 친하게 지내고 싶지 않다."

"엄마한테 가서 네가 거짓말 했다는 걸 분명히 말해."

혜원이는 자기 마음대로 흘러가지 않는 상황에 기분나빠 했다. 하지만 엄마를 앞세워 친구들의 마음을 얻을 수는 없다는 것을 받아들이는 모양이었다. 친하게 지내고 싶어했던 친구들을 포기하는 모습이 보였다. 그리고 원래 친하게 지내는 친구들에게 신경쓰기 시작했다.

여러 가지 생각을 하게 되었던 사건이었다. 사실 혜원이 부모님은 최근에 이혼을 하셨다. 그래서 엄마 입장에서 미안한 감정을 아이의 떼씀을 들어주는 것으로 보상하고 싶었던 걸까 싶기도 했다. 그렇다면 얼마나 아이에게 해로운 일인가?

앞으로 혜원이가 사회생활을 하면서 이 일이 어떤 영향을 미칠까 생각해보았다. 자신의 욕심을 채우기 위해 사실을 왜곡하는 마음, 거짓말을 해서 자기보다 영향력 있는 권위자를 휘두르려 하는 모습. 이렇게 해서 자신이 원하는 것을 얻고자 하는 마음. 어디에도 이런 사람을 환영하는 곳은 없다.

피해의식을 가진 사람은 다음과 같은 태도를 보인다. 잘못의 원인을 다른 사람에게 돌리는 태도, 자신의 상황에 대해 책임을 인정하지 않는 태도. 자기연민이나 타인으로부터 동정받는 것에서 위안을 느끼는 태도. 엄마 안에 이런 마음이 있다면 어서 바로잡아야 한다. 그래서 자녀의 마음에까지 피해의식이 영향을 미치지 않도록 해야할 것이다.

무조건 네가 이겨야지 vs. 아무리 그래도 네가 참아

아무리 좋은 대학, 좋은 직장에 들어간다 해도

2021년 5월, 충격적인 뉴스가 인터넷을 덮었다. 네이버 40대 직원이 직장 내 괴롭힘으로 스스로 목숨을 끊은 사건이었다. 동시대를 사는 40대로서 나는 이 일이 남의 일 같지가 않았다. 그리고 내가 엄마이자 교사여서일까? 나는 이 사건의 가해자와 피해자만큼이나 두 사람의 어머니가 생각났다. 마치 학급 내 괴롭힘 문제로 나와 마주앉은 우리 반 어머니를 보는 심정이었다.

기사를 통해 사건의 내막을 들여다보니 정확하게 공격자와 흡수자 유형의 두 사람 사이에서 일어난 일이었다.

> '두 어머니가 자신의 아들에 대해 조금 더 나은 이해를 가졌더라면 이 일을 막을 수 있었을 텐데.'
>
> '두 어머니가 아들의 인간관계에서 어떻게 타인에게 대처하는지에 대해 지도를 할 수 있었더라면 이 일을 막을 수 있었을 텐데.'

이런 안타까움이 그 여름내내 나를 사로잡았다.

내 언어의 한계가 내 세계의 한계다

학교에서 학부모님을 만나보면 어머니들은 보통 착한 아이와 못된 아이가 있다고 생각한다. 보통 피해자는 착한 아이다. 우리집 착한 애가 너희집 못된 애 때문에 괴롭다. 이게 학부모 속마음의 기본 골자다. 그리고 우리는 심정적으로 다 착한 아이 편이다. 그런데 착한 아이는 늘 못된 아이에게 당한다. 심각한 학교폭력 피해자가 되기도 한다.

❶ '내 자녀는 착해야 되는데.'

❷ '그렇다고 늘 당해서는 안 되는데.'

❸ '그렇다고 못된 애가 되어서도 안 되는데.'

이것이 일반적인 대한민국 학부모의 고민 3종 세트다.

그런데 실제는 그렇지 않다. 착한 아이, 못된 아이가 아니다. 공격자와 흡수자다. 어디서나 그렇다. 누가 공격자고 누가 흡수자인지만 알아도 문제의 절반이 해결된다. 공격자와 흡수자가 드러났다면 공격자는 흡수자에게 어떤 동기로 이런 행동을 하게 되었는지, 흡수자는 어떤 이유로 이렇게까지 참게 되었는지를 알아본다. 이것이 지난 20년간 교사와 엄마로 지내며 관계의 문제를 풀어왔던 나의 비결이다.

공격자 학부모와 흡수자 학부모

700명 정도 되는 학교에서 생활부장을 한 적이 있었다. 대외적으로 교내 학교폭력 문제를 담당하는 자리다. 생활부장을 하는 1년 동안 많은 학부모들을 보았다. 공격자의 주양육자는 보통 공격자이고 흡수자의 주양육자는 보통 흡수자였다. 공격자와 흡수자는 서로가 가진 전제가 다르다.

학교 현장에서 만났던 공격자 학부모는 '여기서 내가 밀리면 끝'이라는 전제가 있었다. 그들은 내가 1의 손해를 보았으면 기필코 2~3 이상의 데미지를 상대방에게 주어야 한다고 여겼다. 오직 그 방법으로만 내가 존중받을 수 있을 것이라는 사고의 방식이 있었다. 이 생각은 그대로 자녀에게 흘러갔다.

학교 현장에서 만났던 흡수자 학부모는 '남에게 절대 피해를 입히지 말아야 한다.'는 전제가 있었다. 안타깝게도 이 분들은 '세상에는 작정을 하고 남에게 피해를 입히는 사람이 많다.'는 사실을 전혀 보지 못하고 있었다. 자기 안에 남을 해치고 싶은 마음이 없기 때문에 다른 사람도 그럴 것이라고 여기는 마음이 이분들 안에 있었다. 이 생각은 그대로 자녀에게 흘러갔다.

예전에 한 개그우먼이 이런 말을 했다. 자기가 한 프로그램에서 콩트를 했는데 맡은 배역이 지하철 여자 청소부였다. 당시 가장 인기있는 여자연예인이 매주 게스트로 나왔다. 같이 연기를 하며 이 개그우먼은 게스트로 나온 여자연예인의 가장 부러운 신체 부위를 때렸다고 했다. 연기인 것처럼 꾸미며 부러우면 부러울수록 더 심하게 때렸다고 했다.

흡수자 부모님은 이런 삶의 태도를 가지고 있는 사람들이 세상에 많다는 것을 모른다. 그래서 자녀가 학교에서 부당한 피해를 입고 와도 '네가 참아야지. 네가 양보해라.'하고 말한다. 참아서는 안 되는 일들이 얼마나 많은지, 정확히 설명해 줄 필요가 있다.

내가 공격자인지 흡수자인지 알아볼 수 있는 간단한 질문이 있다. 운전스타일을 보면 된다. 우리가 운전을 하다보면 옆 차선에서 무리하게 차선을 바꿀 때가 있다. 신호도 넣지 않은 차가 거칠게 내 차 앞으로 들어왔다. 내가 급브레이크를 밟아 겨우 사고를 면했다. 이때 나는 어떻게 하는가?

❶ 내가 당한 것을 그대로 갚아준다.

❷ 그냥 지나간다.

❶번을 선택했다면 공격자다. ❷번은 흡수자다.

뉴스에서 자주 접하는 경우가 ❶번이다. 도로 위에서 앞차를 쫓아가 내가 당한 것을 그대로 갚아주다가 사고가 나기도 하고, 서로 싸움이 붙어 경찰서로 가기도 한다. 교실에서 남자들끼리 큰 싸움이 나는 경우가 공격자와 공격자가 만나는 이와 같은 케이스다.

하지만 정말 심각한 문제는 '❷ 그냥 지나간다'를 선택하는 흡수자가 일으킨다. 끼어들기를 당한 흡수자는 도로 위에서 그냥 지나간다. 이 두 사람은 다시 만나지 않는다. 그래서 문제가 일어나지 않는다. 그런데 교실이나 직장이라면 이야기가 달라진다. 이 둘은 매일 만난다. 공격자 입장에서 보면 흡수자가 바보로 보인다. 흡수자 입장에서 보면 이런 못된 아이가 없다. 공격자는 자기가 기분 나쁜 일이 있으면 그것을 꼭 앙갚음하는 하는 사람이다. 흡수자는 자기가 기분 나쁜 일이 있어도 참고 양보하는 사람이다. 이런 이유로 공격자와 흡수자 둘 사이에 파괴적인 관계가 싹트기 좋은 토양이 형성된다.

엄마들이 먼저 나의 자녀가 공격자인지 흡수자인지 파악할 필요가 있다. 그래서 내 자녀가 학교에서 대략적으로 어떤 구도로 친구관계를 형성하겠는지 머릿속으로 그림을 그려볼 수 있어야 한다. 그러면 아이가 학교에서 일어나는 관계의 문제를 이야기할 때 자녀의 말에만 초점을 맞추지 않을 수 있다. 또 내 자녀와 문제를 일으킨 아이가 공격자인지 흡수자인지를 정확히 파악해서 어떤 동기로 이런 일들이 진행되었는지 살펴볼 수 있어야 한다. 이런 정도의 실력을 가지게 되면 담임선생님께 도움을 요청할 때도 매우 효율적으로 의사소통을 진행할 수 있다.

직장 내 괴롭힘 문제가 성립되지 않은 세대로

대한민국의 모든 학부모들이 착한아이, 나쁜아이라는 말 대신 공격자와 흡수자라는 말을 이해하고 사용하기 바란다. 그래서 자녀들이 학교 안에서 관계의 문제를 능숙히 다룰 줄 아는 아이로 자라나기를 바란다. 그 결과로 이 아이들이 어른이 되었을 때에는 대한민국에서 직장 내 괴롭힘 문제로 목숨을 잃는 사람이 한 사람도 없어지기를 바란다.

선생님, 저희 와이프가 사연있는 여자예요

자기연민이라는 독초

엄마 안에 있는 자기연민도 내 자녀가 건강하게 자라는 것을 막는다. 심각한 자기연민에 빠지면 스스로를 불쌍하게 여기는 마음이 모든 것을 지배한다. 그래서 정상적인 판단을 하는 것이 불가능해진다. 이런 이유로 자녀를 바른 길로 이끌지 못한다. 내 안에 있는 자기연민을 잘 살펴보고 그 원인이 된 일을 잘 떠나보내는 엄마가 되어야 한다. 그 일이 내 다음 세대에까지 영향을 미치지 않도록 해야겠다.

진호 어머니의 깊은 사연

교직에 있다보면 깊은 가정사를 듣게 되는 일이 있다. 자녀를 잃은 부모의 눈물을 보는 것이 그 중 하나다.

3학년을 맡았던 때의 일이다. 3월 2일 첫날부터 진호는 눈에 띄는 아이였다. 진호는 익룡 울음소리같은 날카로운 고함을 시도때도 없이 질러댔다. 아무것도 아닌 일을 가지고도 자기 마음에 들지 않으면 그렇게 했다. 아이는 막무가내였다. 그렇게 며칠을 지켜보다가 하루는 따끔하게 혼을 냈다.

"진호야, 어떻게 급식실에서 네가 매일 1등으로 줄을 설 수가 있니? 친구들이 25명이나 있는데? 그리고 먼저 간 친구가 먼저 먹는 게 당연하지. 네가 여기서 떼를 쓰면 나머지 친구들이 다 너에게 자리를 양보해야 하니? 다시는 이렇게 행동하지 말거라."

하지만 진호는 교사의 말이 수긍되지 않는 표정이었다.

그날 진호어머니가 학교에 오셨다. 50대 중반의 여성분이었다. 집에서 계시던 모습 그대로 달려온 느낌이었다. 헝클어진 머리에 맨발이었다. 어머니는 교실 문을 열자마자 소리를 지르셨다.

"아니, 우리 진호를 왜 매일 못잡아 먹어서 안달이예요? 그 어린애가 잘못을 하면 뭘 그렇게 한다고?"

어머니는 속사포처럼 말을 쏟아붓고는 한참을 더 횡설수설 하시다 교실을 나가셨다. 대화를 하려는 의지가 전혀 없었다. 무엇보다 인상적인 것은 에너지 넘치는 말투와 달리 초점 없는 눈빛이었다.

한 시간쯤 후에, 회사 제복을 입으신 50대 남자분이 교실 문을 열고 들어오셨다.

"안녕하세요? 진호 애빕니다. 진호 엄마 왔다갔죠?"

진호 아버지는 무척 예의바른 모습이었다.

"선생님, 저희 와이프가 사연 있는 여자예요. 첫 아이를 진호만 할 때 사고로 잃었습니다. 그후에 한참을 정신 잃은 사람처럼 살다가 진호를 얻었어요. 그런 사연이 있어서 진호 엄마가 진호를 유난스럽게 키웠습니다. 선생님, 그런 사연을 꼭 좀 참고해주세요."

그 앞에서 아무런 말을 할 수가 없었다.

그 이후에도 진호는 교실에서 자기가 왕인 것처럼 행동했다. 나는 많은 열정과 정성을 쏟아 진호를 교정해나갔다. 아마 진호 아버지가 진호 어머니와 똑같은 모습이셨으면 내가 그렇게까지 하지는 않았을 것이다. 가정에서 아이를 교정하겠다는 의지가 없다면 학교에서 하는 것은 한계가 있다. 그런데 진호 아버지를 만나고 난 후 내 안에 어떤 확신이 있었다. 나의 수고가 오해받지 않을 것이라는 마음. 다행히도 이 예감은 틀리지 않았다. 아버지가 어머니를 어떻게 말리신 것인지 이후에 진호 어머니는 학교를 찾아오지 않으셨다.

현민이 아버님의 깊은 사연

나는 몇 년 후에 같은 사연을 가진 아버지와 어머니를 다시 만났다. 현민이는 진호와는 전혀 다른 모습의 6학년 남학생이었다. 그렇게 공부를 잘 하는 학생은 아니었는데 조용하면서 친구들 사이에 신망이 두터운 그런 아이였다. 상담주간에 만난 어머니도 현민이와 비슷한 느낌이었다. 아이의 내성적인 면을 조금 염려하셨고 수학이 조금 부족해서 집에서 신경을 쓰겠다고 하셨다.

현민이는 2학기에 결국 반장이 되었다. 반장선거 끝나고 쉬는 시간에 내 책상으로 와서는 "선생님, 저 반장 처음 해봐요."하며 씩 웃던 모습이 눈에 선하다.

반장선거 다음 날이었다. 박카스를 한 박스 들고 현민이 아버지가 오셨다. 직장에서 잠시 나오셨는지 제복 차림이셨다.

> "선생님, 현민이가 많이 부족합니다. 마음도 여리고 끈기도 부족해요."

아버지 눈에 차는 아들이 어디 있을까? '현민이 정도면 괜찮은데요.'하는 마음이 절로 들었다.

> "많이 혼내주세요, 선생님. 더 커서 어른 말이 안 들어가기 전에요."

'이래서 현민이가 반듯하게 자랐구나.'하는데 놀랄 만한 말씀을 이어서 하셨다.

“현민이 위에 형이 하나 있었습니다. 8살에 죽었어요. 현민이랑 두 살 차이였어요.”

이 가정도 아들을 잃은 슬픔이 있었다.

“저희 가정이 예전부터 봉사 다니던 고아원이 있었는데 거기서 현민이 형만한 아이들 보면서 현민이 엄마도 저도 현민이도 그 시절을 헤쳐나왔습니다.”

당시 나도 봉사할 기관을 찾고 있던 중이었다. 그래서 고아원 봉사하시는 이야기를 조금 여쭈었다. 한 달에 한 번씩 마음 맞는 직장동료 가족들과 간식을 사서 방문해 빨래도 하고 밥도 같이 해먹고 축구도 한다고 하셨다.

“선생님, 이렇게 보면요, 사람이 돈이 있다고 도움을 줄 수 있는 게 아니예요. 마음이 있는 사람들이 형편이 어려워도 돈을 아껴서 봉사를 해요. 우리 여기 고아원 봉사 오는 사람들 다 그런 사람들이예요.”

이런 말들 속에서 이 가정이 슬픔을 어떤 방식으로 다루어왔는지 엿볼 수 있었다.

그렇게 현민이 아버지가 돌아가시고 나는 한참동안 자리

에서 움직일 수가 없었다.

결혼식장에 들어서는 어떤 신랑과 신부도 이런 일이 자신을 기다릴 것이라고 생각하지 않는다. 하지만 삶은 이런 비극을 허락하고 우리는 반응해야 한다. 자기연민에 나 자신을 내어줄 것인지 아니면 내 마음을 연단해낼 것인지. 현민이 부모님은 자기연민에 자신을 내어주지 않으셨다. 잃어버린 아들을 붙잡고 있는 대신, 남아있는 아들과 부모의 손길이 필요한 다른 자녀를 돌보며 자신의 마음을 지켰다. 그런 가정에서 현민이가 잘 자라 6학년 2학기에 반장이 되었다. 그리고 내가 담임이라는 이유로 박카스를 받고 있는 중이었다.

현민이 부모님은 현민이에게 깊은 슬픔을 어떻게 헤쳐나갈 것인가를 삶으로 보여주셨다. '이 모습을 본 현민이는 앞으로 만나게 될 어떤 역경 속에서도 부모님처럼 잘 반응하겠구나.' 하고 생각하니 마음이 좋았다.

엄마인 내가 혹시 자기연민에 사로잡혀서 '그 누구도 나에게 무엇을 요구해서는 안 돼. 나는 더 많은 위로와 더 많은 돌봄이 필요해.'라고만 하지는 않는지 자신의 마음을 살펴보자. 만약 그렇다면 자기연민의 이 마음이 얼마나 나와 내 자녀를 해치는지 알아야 한다. 그래서 이 독초를 내 안에서 빨리 제거해야 한다.

저희 애는 이런 점이 부족하고 이런 점이 괜찮아요

자녀를 객관화할 줄 아는 엄마

학기 초가 되면 학부모 상담주간이 있다. 아이가 첫째일수록 어머니들은 염려가 많다. 그래서 아이에 관한 많은 정보를 주시고자 한다. 이런 맥락에서 가끔 인상적인 분들이 있다.

여느 때처럼 상담주간이 되어 한 어머니를 만났다. 연주 어머니는 다른 어머니와 조금 달랐다. 그분은 먼저 아이를 키워오시면서 파악한 아이의 강점과 약점을 담임교사인 나에게 먼저 알려주셨다. 어머니 안에 있는 마음의 건강함과 유연함이 교사에게까지 전해졌다. 여러모로 기분 좋은 경험이었다.

완벽한 모습만 보이고 싶어하는 엄마

그런가 하면 벽을 보고 말하는 것 같은 느낌을 주는 어머니들도 계신다. 4학년 담임을 할 때 일이다. 시험을 치면 늘 거의 모든 문제를 맞히는 남학생의 어머니가 계셨다. 첫만남에서는 잘 몰랐다. 어머니는 예의있게 교사를 대해주셨고 아이에 대해 어느 정도 염려하는 모습과 부족한 자녀를 잘 부탁한다는 모습을 보여주셨다.

명진이는 숨소리도 크게 내지 않는 차분한 아이였다. 늘 차분하게 공부하고 쉬는 시간에는 책을 읽고 체육시간에도 곧잘 하는 모범생이었다. 특별히 감정조절을 못한다든가 특별히 이기적인 모습으로 공동체 생활을 어려워한다든가 하는 면이 없었다.

2학기 중간고사를 치르고 난 후의 일이었다. 채점이 끝났다. 이번 시험에서도 명진이는 학급 1등이었다. 수학에서 1문제를 틀렸다. 이번 시험이 어려웠다. 우리 반 2등이 4개를 틀렸기 때문에 명진이는 무척 잘한 편이었다. 그런데 아이가 계속 안절부절못했다. 시험지를 나누어주고 우리 반 아이들이 많이 틀린 문제를 칠판에 함께 풀어줬다. 그리고 점수를 확인시키고 혹시 잘못 채점된 것이 있으면 들고 나오라고 했다. 조금 후 2분단 뒤쪽에서 웅성거리는 소리가 들렸다.

"선생님, 명진이가 자기 틀린 문제 고쳐요!"

"어어, 아니예요, 선생님."

"아니예요, 선생님, 제가 봤어요. 명진이가 지우개로 지우고 답 고쳤어요!"

명진이를 쳐다보았더니 찡그린 온 얼굴이 이렇게 말하고 있었다.

"예, 선생님. 저 고쳤어요. 제가 잘못했어요."

명진이에게 시험지를 가지고 오게 했다. 나머지 아이들의 시험지도 거두었다. 그날 일과를 마치고 하교지도를 한 후 아이를 따로 불렀다.

"명진아."

"아니, 선생님. 아니, 아니."

명진이는 시험문제를 하나 틀렸다는 사실과 시험지 답을 고친 잘못에 짓눌려 어쩔 줄을 몰라했다. 보는 내가 다 숨이 막힐 지경이었다.

"왜? 시험문제 하나 틀린 게 그렇게 싫어?"

아이는 말을 못 잇더니 한참 후에 자포자기하는 심정으로 말문을 열었다.

"저…, 그게 아니라, 엄마한테 정말 혼나요."

나는 순간 귀를 의심했다. 어머니가 그럴 분으로 보이지 않았기 때문이다.

"어머니가 뭐라고 하시는데?"

"이런 것도 틀리면 앞으로 어떻게 할 거냐고 하세요."

나는 그날 명진이를 안심시키는 데 실패했다. 괜찮다는 내 말이 전혀 명진이 안에 들어가지 않았다.

그날 명진이 어머니와 통화를 했다. 아이가 시험지 답을 고칠 정도로 완벽에 강박을 가지는 모습이 염려되었기 때문이다. 어머니는 명진이가 한 문제를 틀렸다는 사실에 그렇게 크게 반응하지 않으셨다. 그러나 명진이가 시험지 답을 고쳤다는 사실을 받아들이기 힘들어 하셨다.

> "선생님, 저희 명진이가 그럴 아이가 아니예요. 거짓말을 하거나 그런 적이 한 번도 없었어요."

우선 분명한 사실을 전달해드렸다. 그리고 이번 시험이 조금 어려웠다는 것과 한 문제를 틀린 것은 정말 잘한 것임을 명진이가 충분히 알고 누렸으면 좋겠다고 말씀드렸다.

그 다음날, 명진이는 어깨가 축 늘어져서 학교에 왔다. 시험지 답을 고쳤다는 사실을 엄마에게 결국 인정했고 그 사실 때문에 어제 집에서 크게 혼이 난 모양이었다. 물론 정직하지 않은 일에 대해 따끔한 훈계를 받는 것은 복된 일이다. 하지만 이 경우에는 무언가 석연치 않은 것이 섞여 있다. 수치와 치욕이 그것이다. 시험성적이 완벽하지 않고 윤리적 생활의 측면에서 완벽하지 않음에 대해, 엄마가 자녀에게 수치와 치욕이 섞인 비난을 한 것이다. 이것이 아이를 더욱 속박했다.

이 수치는 아마 어머니 자신 안에 있는 것인지 모른다. 그래서 건강하지 않은 양육의 모습으로 나타났을지 모른다.

만약 이것이 사실이라면 엄마의 이런 마음은 자신의 약점을 인정하기 어렵게 만든다. 이 수치의 감정이 자녀에게 그대로 이어질 수 있다. 그래서 한 문제를 틀리고도 좋아할 수가 없다. 이런 마음이 해결되지 않은 사람은 겉으로 아무리 평온을 유지한다 해도 내면의 비난으로 늘 괴롭다.

나 자신을 있는 그대로 인정할 수 있는 마음

그래서 내 안에 수치의 영역이 있는가 살펴보는 일은 매우 중요하다. 보통 해결되지 않은 열등감이나 과거에 경험한 깊은 상실감 등이 수치의 원인이 된다. 이 마음을 해결하지 않으면 나의 가장 가까이에 있는 사람들을 너무 깊이 해치게 된다. 특별히 자녀에게 이것이 그대로 전가되는 것을 학교 현장에서 많이 보아왔다.

보통 수치는 두 가지 양상으로 나타난다. 극심한 공격성으로 나타나거나, 자포자기하는 태도로 나타난다. 자신의 치부를 어떻게든 드러내지 않겠다는 동기에서 시작되는 모습이다. 어머니에게도 아이에게도 견디기 힘든 일이다.

내 안에 이러한 모습이 발견되었다면 어떻게 해야할까? 수치는 용납받음으로 해결된다. 나를 깊이 받아줄 사람을 찾으면 된다. 배우자가 되면 가장 좋다. 어렵다면 내가 나를 받아주면 된다. 내가 나를 용납하는 일은 가능하다. 그리고 나의 이러한 마음 때문에 내게서 마땅히 받아야할 용납을 받지 못한 자녀를 용납하기 시작해야 한다. 그럴 때 이 아이가 진정으로 자유로워진다. 그럴 때 어떤 열등감도 수치도 이 아이의 마음을 속박할 수 없다.

생각보다 많은 어머니들이 수치감으로 괴로워한다. 이로 인해 필요 이상으로 공격적이고 필요 이상으로 자포자기해 있다. 계속 그렇게 살기에는 우리에게 남은 시간이 너무 많다. 우리 마음을 일으켜세워 자신을 깊이 용납하는 엄마들이 되기를 기대한다. 그 치유의 물결이 남편과 자녀에게 풍성히 흘러가서 학교와 사회 곳곳에까지 넘실대길 바란다.

알려주신 대로 집에서 그대로 했어요, 선생님

꾸준함은 힘이 세다

3학년이었는데 받아쓰기가 전혀 안 되는 아이가 있었다. 어머니가 너무 고민이 되어서 학교에 찾아 오셨다. 다른 아이들은 다들 50점이 넘는 것 같은데 내 아이는 10~20점 나오는 모습이 부끄럽기도 하고, 어떻게 아이를 지도해야 할지도 몰라 교사의 도움을 청하러 오신 것이었다.

우선 나는 이 일이 작은 일이라는 것을 알려 드렸다.

"어머니, 미진이는 성품도 좋고 좋은 습관도 많은 학생이예요. 친구들 사이의 관계도 좋구요. 다만 한글맞춤법이 다른 아이들보다 조금 미숙한 상황일 뿐이예요. 이것은 시간만 꾸준히 투자하면 해결되는 가장 쉬운 문제입니다."

"아, 선생님. 그렇게 말씀해주시니 조급하던 마음이 편해지네요. 받아쓰기 연습은 어떻게 시키면 될까요?"

"읽기책에 나오는 문장을 10개 뽑아서 꾸준히 필사시키세요. 그대로 적게만 하세요. 처음부터 '받아쓰기 연습하자. 다 하고 엄마랑 시험치자.' 이렇게 하지 마시고요. 아이가 여유를 가지고 편안히 익숙해지도록 처음에는 짧은 10문장 뽑아서 그대로 적게 하시고요. 조금씩 양을 늘려가세요."

미진이 어머니는 환해진 얼굴로 돌아가셨다. 미진이는 그 후에 어떻게 되었을까? 학년 말에 받아쓰기 최강자가 되어 있었다. 늘 백점을 맞은 것은 아니었다. 개중에서 한두 문제씩 틀리기도 했지만 어른들도 익숙지 않은 문장부호 등에서 조금 부족했지 맞춤법은 근사하게 다 맞추어냈다. 후에 미진이 어머니를 만날 일이 있었다. 비결을 여쭈어보았더니 학기 초 내가 알려드린 방법으로 거의 매일 미진이와 훈련했다고 하셨다.

"알려주신 대로 집에서 그대로 했어요, 선생님."

꾸준함이었다. 꾸준함은 힘이 세다. 힘없는 빗방울이 바위도 뚫게 만드는 것이 바로 이 꾸준함이다.

꾸준함이 어려운 이들

꾸준함은 누구에게나 쉽지 않지만 특별히 어려워하는 기질의 아이들이 있다. 이런 아이들과 1년을 보내면서 여러 차례 느낀 바가 있었다. 공부를 곧잘 하는 상민이는 5학년이었다. 1학기에 나오는 자연수의 혼합계산에서 계속해서 실수를 했다. 이 연산에 능숙해지는 것은 비슷한 유형의 문제를 계속해서 푸는 것이다. 이것은 이해의 영역이 아니다. 반복해서 숙달할 문제다. 괄호 안의 계산을 먼저 한다. 곱하기와 나누기를 순서대로 먼저 한 후 더하기와 빼기를 순서대로 한다. 혼합계산이 길 경우에는 괄호로 표시해주면 한눈에 들어온다.

이 정도의 방법은 이미 아이도 이해하고 있었다. 다만 눈과 손이 훈련되어 반사적으로 그 순서대로 풀어나가기까지 채워내야 할 절대적인 문제의 양이 있는데 그것을 어려워했다.

나는 따로 프린트를 해서 이 부분이 부족한 아이들에게 나누어주었다. 상민이는 이 훈련을 꾸준히 하지 않았다. 수학의 다른 영역은 다른 아이들에 비해 잘하는 아이였는데, 자연수의 혼합계산에 익숙해질 때까지 꾸준히 훈련하기를 싫어했다. 6학년 2학기가 되면 분수와 자연수의 혼합계산이 나온다. 지금 훈련하지 않으면 상민이는 그때에 몇 배 더 힘든 훈련을 해야 할 것이었다.

매일 조금씩 천천히

어떻게 하면 꾸준함의 습관을 잘 기를 수 있을까? **목표를 정확히 정하고 그 일을 반복할 시간과 장소를 정해야 한다.**

그리고 매일 꾸준함이 쌓여갈 때마다 횟수를 기록해서 시각적으로 보이게 하면 좋다. 매일 대가를 치르고 있는데 눈에 보이는 실력이 달라지지 않을 때 지치고 낙심하는 마음이 든다. 그럴 때 내가 매일 반복해온 일이 횟수로 쌓여가는 것을 기록으로 본다면 큰 도움이 된다. 실제적으로 이 일이 쌓여가고 있다는 것이 확인되기 때문이다.

가장 간단한 일부터 시작하면 좋다. 아침에 일어나 물 마시기 같은 간단한 일을 먼저 해본다. 그리고 달력에 스티커를 붙이거나 동그라미를 치게 한다. 공부가 아니어서 아이들이 부담이 없고 한 달 칸에 하루도 빠짐없이 미션이 완료된 흔적이 남았을 때 아이들이 느끼는 성취감이 대단하다.

특별히 자녀가 소아당뇨나 성조숙증 증세가 있는 집에서는 꾸준함의 훈련이 필수적이다. 물 마시기로 꾸준함을 실천하면 좋다. 요즘 아이들이 과도한 당분이 들어간 음식을 많이 먹다보니 소아당뇨가 큰 이슈다. 그리고 식품첨가물이 많이 들어간 음식을 먹다보니 아이의 호르몬 대사가 교란되어 2~3학년 자녀들의 신체가 사춘기 자녀의 신체로 변해간다. 이것이 성조숙증이다.

이전에는 한 반에 1~2명 정도였는데 요즘에는 소아당뇨나 성조숙증으로 고민하시는 어머니들이 한 반에 꽤 많이 있다. 많은 의사선생님의 권유대로 당분이나 가공식품을 줄이고 물을 꾸준히 마시는 것이 문제의 근원을 다루는 일이 된다. 꾸준함으로 건강을 되찾을 수 있다.

엄마의 꾸준함

사실 엄마의 꾸준함이 자녀에게 전수된다. 우리가 흔히 유산이라고 하면 재산만을 생각하기 쉽다. 하지만 곰곰이 생각해보면 성품이나 삶의 태도도 중요한 유산이다. 부모가 자녀에게 물려주는 그 어떤 재산보다 중요한 유산일 수 있다.

대한민국의 모든 엄마들이 자녀에게 꾸준함은 꼭 유산으로 물려주었으면 한다. 무엇부터 시작하며 좋을까? 가장 작은 습관부터 시작하면 좋다. 매일 속옷을 갈아입는 일. 매일 양말을 갈아신는 일. 자녀가 2명 이상만 되어도 “엄마, 빨래

안 했어요? 신고 갈 양말이 없어요."하는 말을 듣게 되는 날이 온다. 나도 어느 날, 이 말을 들었다. 그리고 시스템을 만들어야겠다는 생각을 했다. 우선 속옷 7벌과 양말 7벌을 사준다. 속옷은 1년에 두 번 정도, 양말은 봄/가을, 여름, 겨울을 고려해서 1년에 3번 정도 산다. 그래서 정해진 곳에 요일별로 잘 두게 하고 매일 갈아입도록 훈련시켰다. 이것이 습관이 되니 좋은 점이 있었다.

아이들이 10살이 되었을 때, 집안의 세탁 상황이 눈에 들어오는 모양이었다. 양말이 부족하겠다 싶으면 알아서 세탁기를 돌리고 빨래를 널었다. 작은 일에 꾸준함을 심어주었더니 전체적인 그림을 보게 되고, 그 일을 스스로 찾아서 할 줄 아는 능력이 자라 있었다.

그 다음은 식사를 한 후 설거지를 하고 식탁을 치우는 일을 훈련시켰다. 이 일이 꾸준함을 기르는 데 참 좋은 이유는 매일 반복해서 해야하는 일이기 때문이다. 그리고 이렇게 꾸준함을 훈련하다보면 자연스럽게 집안일이 엄마 혼자만의 몫이 아니고 가족 전체가 나누어서 해야하는 일인 것을 아이들이 알게 된다. 이때도 자신이 한 일에 대해 누적해서 기록하는 것은 중요하다.

우리집에서는 집안일을 목록으로 정리해 표로 만들어서 붙여두었다. 자신이 마친 집안일 옆에 표시를 하게 한다. 집안일의 난이도에 따라 다른 액수를 정해 적은 돈이지만 용돈을 준다.

각 가정이 자녀에게 꾸준함을 유산으로 물려줄 수 있기를 간절히 바란다.

제가 그동안
아무것도 모르고 있었네요

자녀를 통제할 수 있다는 신기루

의외로 많은 엄마들이 자녀의 모든 것을 잘 알고 있다고 여긴다. 여기서 한 걸음 더 나가는 엄마들도 있다. 내 자녀를 내가 제일 잘 알뿐 아니라 내 자녀를 내가 원하는대로 만들 수 있다고 여긴다.

이것은 착각이다. 학교에서의 모습만 봐도 그렇다. 가정에서와 전혀 다른 모습을 보인다고 말하는 엄마들이 많다. 그럴 수밖에 없다. 누가 내 옆에 있냐에 따라 내 안에 다른 모습이 드러난다. 이런 부분들을 잘 알고 인정하면 훨씬 더 지혜로운 엄마가 될 수 있다.

자기밖에 모르는 아이들

결혼이 늦어지고 육아에 대한 부담이 커지면서 외동으로 자라는 아이들이 많다. 5학년 남학생이었던 승우도 그런 아이였다.

승우는 가만히 보면 조용한 아이였다. 집중력도 좋고 공부도 잘 따라왔다. 다만 한 교실에서 여러 명의 친구들과 생활하며 조금의 불편함도 참기 싫어하는 아이였다. 쉬는 시간에 책을 읽는데 옆에서 누가 말이라도 크게 하면 참지 않고 분노를 터뜨리는 그런 아이였다. 그래서 하루종일 화가 난 채로 학교생활을 했다. 안타까웠다.

"승우는 형이나 누나나 동생 없어?"

"네, 저 혼자예요. 그런데 할머니 할아버지가 같이 살아요."

"아, 아버지 장남이시구나?"

"아빠도 외동이예요. 형제가 없어요."

그러던 어느 날, 체육을 마치고 교실로 들어올 때였다. 신발장에 신을 넣으면서 옆에 있는 남자아이와 서로 어깨를 부딪히는 일이 있었다. 마침 내가 복도에서 아이들을 지도하고 있을 때였다. 눈 앞에서 승우가 자기 신발을 들고 그 친구 얼굴을 그대로 쳤다. 왜 내 몸을 건드리냐고 소리를 지르면서. 고의가 아니었던 친구도 같이 신발로 얼굴을 쳤다. 왜 내 얼굴을 때리냐고 하면서. 그 자리에서 멈추게 했다. 절대 폭력은 안 된다고 가르치고 승우를 많이 꾸짖었다. 승우 어머니와 그 친구 어머니에게 전화를 드렸다. 두 분은 잘 알아들으신 듯했다.

하지만 다음 날, 승우 어머니께 전화가 왔다.

"선생님, 승우 말을 들으니 전혀 다르더라고요. 선생님이 승우만 꾸짖으셨다고. 평소에서 항상 그러셨다고…."

승우가 집에 돌아가서 자기 위주로 한 말을 어머니가 곧

이곧대로 들으신 것 같았다.

어제 있었던 일을 다시 설명드렸다. 그리고 평소 승우의 모습을 설명해드렸다. 어머니는 믿기 어려우신 모양이었다. 그날 학교로 찾아오셨다. 나는 평소 내가 아이를 지켜보며 걱정되던 모습을 설명드렸다. 집중력이 좋지만 조금의 자극에도 민감하게 반응해서 집중력 유지가 어렵다. 그럴 때마다 분노를 조절하지 못한다. 혹시 집에서 이 아이를 놓고 모든 사람이 맞춰주시는 것은 아닌가? 만약 그렇다면 이것은 정말 아이에게 해로운 일이다. 어디를 가도 승우가 그런 환경에서 지낼 수는 없다. 무균실같이 아이에게 조금의 자극도 주지 않고 키우시면 안 된다. 대략 이 정도의 말씀을 드렸다.

어머니는 가만히 들으시더니 짧게 한숨을 쉬셨다.

"선생님, 제가 아이를 잘못 키웠네요. 저희 아버님도 예민하신 분이고 저희 남편도 예민한 사람이예요. 귀한 손자, 귀한 아들이라고 아버님도 남편도 그런 민감함으로 승우를 맞춰주기만 한 부분이 있어요. 집에서는 특별히 반항하거나 짜증을 부리는 모습이 없어서 아이가 순하다고 생각했어요. 그래서 학교에서 선생님한테 혼났다고 하면 저나 남편은 잘 납득이 안 되었어요. 어제도 신발로 친구 얼굴을 쳤다는 사실이 믿어지지가 않았어요. 승우에게 물어보니 자기가 먼저 쳤다는 말은 안 하고 그 친구가 얼굴을 쳤다는 말만 해서 저도 그 말을 믿고 싶었어요. 선생님, 제가 그동안 저희 아들에 대해 아무것도 모르고 있었네요."

이렇게 되면 아이를 지도할 수 있게 된다.

"어머니, 너무 걱정하지 않으셔도 됩니다. 말씀하신 것처럼 승우가 순하고 예의바른 면이 있어요. 하지만 아이들과의 사이에서 생기는 자극에 대해 참지 못하는 면이 있는 것인데, 이 부분은 계속 훈련하면서 수용해나가도록 지도하면 금방 좋아집니다. 저도 학교에서 신경쓰겠습니다. 가정에서도 이제는 승우를 배려하시기보다, 승우가 아빠와 할아버지를 배려하도록 지도해나가시면 좋겠습니다."

승우는 1년 동안 많이 달라졌다. 나도 지속적으로 승우에게 말하고 또 말했다. 이 정도의 자극이나 불편함은 아무것도 아닌 것처럼 넘길 수 있어야 한다고. 아이도 처음에는 내 말을 아주 부당한 것처럼 여기더니 점점 상황을 객관적으로 보기 시작했다. 그리고 자기보다 훨씬 더한 불편함도 아무렇지 않게 여기는 친구들이 눈에 들어오는 듯했다.

바야흐로 승우의 세계가 확장되어가고 있었다. 온통 자기, 자기, 자기밖에 모르던 아이가 이제 다른 사람의 처지와 형편에 눈이 떠지고 있었다. 교사로서 참 보람된 시간이었다.

한 해를 마치고 겨울방학에 들어갈 때 승우 어머니가 비즈구슬로 만든 목걸이를 보내오셨다. 선생님을 만난 것이 승우에게 정말 큰 행운이었다고 감사하다는 편지도 함께 주셨다.

나는 승우 어머니가 처음에 아이 말만을 듣고 나를 오해하셨을 때가 떠올랐다. 그때 나는 '이 분이 내 말을 받아들일 분인가?'에 대한 자신이 없었다. 그래도 포기하지 않고 승우에 대한 염려를 정직하게 말씀드린 것이 참 다행이라는 생각을 했다. 그때 내가 두려움을 가졌더라면, 그대로 뒤로 물러갔더라면, 1년 후 이렇게 달라진 승우의 모습은 보지 못했을 것이다. 이것은 비단 1년의 문제가 아니다. 승우의 모든 학창시절과 결혼생활, 사회생활까지 영향을 미치는 일이 될 것이었다.

듣는 마음

엄마는 내 자녀에 대해 내가 가장 잘 알고 있다는 생각을 하기 쉽다. 사실 어떤 부분에서 이 말은 사실이기도 하다. 그렇지만 늘 그런 것은 아니라는 마음을 가지는 것은 엄마에게 참 중요한 자세다. 이렇게 승우 어머니처럼 내가 보지 못한 아들의 부족한 점을 수용할 줄 아는 마음을 가지는 것이 얼마나 귀한 일인지 모른다. 그렇게 부족한 면을 인정할 때 해결책도 발견하게 된다.

더 많은 학급에서 교사와 어머니 사이에 신뢰가 흐르기를 기대한다. 이와 같은 신뢰는 더 깊은 존중이 된다. 그런 두

터운 관계 속에서 우리 자녀들이 바르게 성장해나간다. 그 모습으로 교사는 보람을 느끼고 어머니는 도움과 감사를 경험하게 된다. 더 많은 학교와 가정에서 이런 선순환이 흐르기를 기대한다.

3장

무엇을 어떻게 할 것인가?

개념을 가지고 중심을 잡으세요

칩만 심으면 천재?

한 연수장에서였다. 강사님이 이런 말씀을 하셨다.

"이제 뇌에 칩을 삽입하는 시대가 올 텐데, 그러면 우리 학생들이 모두 천재가 되는 시대가 열린다"라고…. 그분은 유토피아가 도래한다는 듯 사뭇 들떠서 말씀하셨다.

"그런 시대를 사는 우리 학생들은 얼마나 행복할까요?"

나는 의아했다.

'그런 세상이 정말 유토피아일까? 그리고 '뇌에 칩을 삽입해서 누구나 많은 지식을 가지게 된다면 우리는 그를 천재라고 할 수 있을까?'

모든 어머니들은 내 자녀가 천재가 되기를 원한다. 그리고 이 칩을 만든 회사는 돈을 많이 벌고 싶을 것이다. 당연히 회사는 '내 자녀를 천재로 만들어주는 치트키'를 광고할 것이고 "지금 이 칩을 사지 않으면 당신의 자녀만 뒤쳐진다." 라며 공포마케팅을 할 것이다.

생각해보자. 내 자녀를 천재로 만들어 주는 칩은 가격이 얼마일까? 내 시간과 바꾼 돈을 그곳에 다 써야할지 모른다.

〈원더랜드〉라는 영화가 나왔다. 죽은 사람을 인공지능으로 복원하는 서비스에 관한 영화다. 주요 등장인물은 다음과 같다. 어린 딸에게 자신의 죽음을 숨기려는 엄마, 사고로 누워있는 남자친구를 우주인으로 복원해 행복한 일상을 나누려는 여성. 사람들은 더 이상 그리워하거나 슬퍼하지 않는 삶을 선택할 수 있게 된다는 것이 이 영화의 내용이다.

정말 그럴까? 정말 우리는 이런 서비스로 인해 죽은 사람을 그리워하거나 슬퍼하지 않아도 될까? 그렇지 않다. 인공지능 복원 서비스는 결코 진짜를 복원해주지 않는다. 당연히 누군가를 그리워하거나 슬퍼하지 않아도 되는 삶이란 없다.

그럼에도 불구하고 이 서비스는 많은 이용자를 모을 것이다. 사랑하는 사람을 영원히 잃는 경험을 했을 때, 그 압도적인 슬픔을 조금이라도 상쇄할 수 있다면, 사람들은 허상에 기꺼이 돈을 지불하고 자신을 속이며 이 서비스를 이용할 것이다.

미래의 이야기로 시작을 했지만, 현재 우리의 모습에도 그대로 적용된다. 내가 삶에서 개념을 가지고 중심을 잡지 않는다면 우리는 온갖 좋아보이는 것들의 마케팅에 우리 자신을 내어준 채 마음과 생각, 시간과 돈을 탕진하고 말 것이다.

가상현실 속 인간배터리

〈매트릭스〉라는 영화가 있었다. 인류가 기계의 지배 아래 있는 세상을 그린 암울한 미래 이야기였다. 이 영화에서 가장 충격적인 내용은 인간 배터리 공장이 묘사된 장면일 것이다. 지구 위의 모든 인류가 각각 인큐베이터 속에 있고 그곳에서 사람의 몸은 전기를 만드는 전지로 사용된다. 이 전기로 기계는 동력을 얻는다. 한편, 사람들은 자신의 몸이 생체연료 전지로 사용된다는 사실을 꿈에도 모른다. 태어난 순간부터 뇌에 연결된 컴퓨터를 통해 가상세계에서 가상의 삶을 살아가고 있기 때문이다. 죽을 때까지의 평생을….

조금 기이한 이야기지만 나는 매트릭스의 이 장면, 인류가 평생을 가상세계에서 살아간다는 이 장면이, 우리의 진짜 현실이 아닌가 싶을 때가 종종 있다. 〈미생〉같은 드라마를 볼 때 참 그랬다. 정신을 바짝 차리지 않으면 우리 사는 모습이 비슷하다. 온갖 미디어에서 권하는 라이프스타일, 직장에서 암묵적으로 강요하는 삶의 모습, 그것을 따라 그냥 살아간다. 군중심리 속에서 '남들 하는 건 다 해야하고 남들 있는 건 다 있어야 한다.'는 마인드가 작동하는 순간, 바로 가상현실에 들어간다. 내 인생을 사는 것이 아니라 남의 인생을 사는 것이다. 이 가상현실은 또 얼마나 비싼지. 나의 피, 땀, 눈물과 시간을 다 써야 접속할 수 있다. 이렇게 주입된 라이프스타일을 살기 위해서 내 진짜 삶을 값으로 치르는 것이다. 이런 삶이 매트릭스의 인간 배터리 공장과 비슷하게 여겨졌다.

진짜 내 삶을 사는 법

이렇게 살고 싶지 않다면 어떻게 해야 할까? 내 삶에서 가장 중요한 것을 정확히 해야 한다. 그 후에 그것을 초점으로 내 삶을 정리해야 한다. 그렇지 않다면 평생 우리는 '무엇을 더 해야 부족하지 않을까?'하며 전전긍긍하게 된다. 우리가 이런 불안에 사로잡힐 때 교활한 미디어는 더욱 우리의 결핍을 파고들 것이고 우리는 속수무책으로 당하고 만다.

그렇다면 어떻게 해야 외부에 휘둘리지 않고 온전한 나의 삶을 살아갈 수 있을까? 이것은 나에게 가장 소중한 가치가 무엇인지 발견해서 그것을 목표로 살 때 가능하다. 이 일은 학원에서 배울 수도 없다. 오롯이 내가 내 안을 들여다보고 찾아내야 한다. 그래서 많은 시간과 노력이 든다. 귀찮은 일이고 효율성 떨어지는 일이다. 하지만 이 질문에 답을 찾지 않는다면 우리 삶은 목적 없는 항해가 되어 버린다. 평생 뱅글뱅글 쳇바퀴만 돌다가 항구에서 조금도 멀어지지 못한 채 끝나버리는 항해. 그와 같은 비극으로 생을 마친다면 우리는 얼마나 허무할까?

신수정 KT 부사장은 이런 질문을 던져보라고 한다.

"오늘이 90세 생일이라고 가정해보죠. 사람들에게 어떤 한마디를 듣고 싶나요?"

나는 이 질문을 이렇게 조금 바꾸고 싶다.

"나는 80세 나의 생일에 나 자신에게 어떤 말을 듣고 싶나요?"

오늘의 나는 이 질문에 이렇게 답하고 싶다.

"그간 수고 많았어. 너는 사람들이 자신의 모습 그대로 살 수 있도록 그들을 격려하고 지지해왔지. 그래서 그들이 자신의 본질을 깨달아서 온전히 자신의 존재를 피워낼 수 있게 도왔어. 그 모습을 바라보며 넌 충분히 행복했지. 멋진 인생이었어."

더 늦기 전에 나에게 가장 중요한 일이 무엇인지 정확히 정리하는 시간을 가져야 한다. 이 시간이 있어야 '**생각대로 살지 않아 사는대로 생각하게**' 되는 일이 없어진다. 온갖 마케팅에 내 시간과 돈을 내어주는 껍데기로 살고 싶지 않다면, 매트릭스의 인큐베이터에서 내 생명을 전기로 내어주는 인생으로 살고 싶지 않다면 내 삶의 목표를 분명히 해야 한다.

정직하게 자신을 마주하고 나 자신을 알아가야 한다. 내가 언제 행복한지, 내가 양보할 수 없는 가치는 무엇인지, 내 시간과 노력을 써서 꼭 이루고 싶은 장면은 무엇인지. 그렇게 내 삶의 목적을 뚜렷이 하는 시간을 매일 가져야 한다. 그러면 어느 날, 모자이크가 완성되듯 내 마음에 삶의 목표가 선명히 정리될 것이다. 그런 날이 온다면 이제 두 가지를 하면 된다.

첫째, 목표와 상관없는 일 무시하기.

둘째, 목표에 부합하는 일을 매일 조금씩, 천천히 해나가기.

하버드가 원하는 인재상

하버드가 원하는 인재상

Wee센터의 초대 센터장이었던 조벽 교수의 강의 중에 이런 말이 있었다.

“한국에서 인성에 대해 잘못 알고 있는 것이 있어요. 실력이 없으면 인성이라도 좋아야지. 저는 충격받았어요. 한마디로 인성은 실력이 아니다. 인성은 실력이 없을 때나 필요한 것이다. 만약에 인성이라는 것이 그냥 실력자

밑에 살아남기 위해서 성실하고 예의바르고 굽신굽신거리는 그런 하찮은 것이었으면 없어도 돼요. 그러나 그게 아니라 인성은 최고의 글로벌 인재가 지녀야 할 실력이라는 것을 우리가 알아야 돼요. 인성은 타고나는 성품 같은 것이 아니라 길러지는 실력입니다."

그는 계속해서 하버드가 원하는 인재상을 설명한다.

"하버드가 원하는 인재상은 딱 한 줄입니다. 기여할 줄 아는 사람. 저는 그 말을 듣고 너무 놀랐어요. 왜냐면 한국에서 기여한다는 말을 쓸 때는 마치 봉사하고 헌신하고 희생한다는 뜻으로 이해하잖아요. 그런 뜻은 아니예요. 하버드 대학은 성인군자 양성하는 곳이 아닙니다. 세계 최고의 인재를 양성하는 곳이죠. 기여한다는 것은 쓸모가 있는 사람, 이로운 일을 하는 사람이예요. 쓸모가 있을 때 누군가 나한테 돈을 줄 거 아닙니까? 그게 성공이죠. 내가 누구한테 이로운 일을 할 때는 누군가 나랑 같이 살고 같이 일을 하고 싶어할 거예요. 그게 행복이예요. 그래서 성공과 행복이라는 두 마리 토끼를 한 번에 잡는 유일한 방법은 기여할 줄 아는 삶을 사는 것이죠."

학교가 해줄 수 없는 일

학교가 알아서 이 일을 해주지 않는다. 내 아이를 기여할 줄 아는 아이로 기르는 일은 가정의 일이다. 학교는 평생에 걸쳐 이루어야 할 삶의 목표조차 가르쳐주지 않는다. 또 학교는 학생 내면에서 불타오르는 그만의 목표를 찾아주지 못한다.

언뜻 생각해보면 '학교가 왜 그 일을 해야하나? 또 그런 목표가 없으면 안 되는가?'하고 여길 수 있다. 그렇다면 아래의 내용을 찬찬히 읽고 잘 생각해보자.

유튜브에서 '한중일 출신이 구글에서 더올라가지 못하는 3가지 이유'라는 영상이 많은 사람들에게 회자된 적이 있었다. 영상의 내용은 이렇다. 미국에 있는 구글 본사의 아시아인 모임에서 이런 질문이 생긴다.

"왜 우리 중국, 일본, 한국, 싱가폴, 대만 사람들은 실리콘밸리에서 성공하지 못하나?"

그들은 연구비를 받아 이 주제로 심층적인 연구를 진행했고 3가지 답을 얻었다. 이 결론이 우리에게 시사하는 바가 크다.

남의 인정을 받는 것이 목표인 사람이 되지 않도록

한중일 출신의 IT엘리트들이 구글 본사에서 더 높은 자리로 올라가지 못하는 이유는 3가지로 정리되었다. 그중에 첫 번째와 세 번째 이유를 살펴보고자 한다.

첫 번째 이유는 권위에 복종하는 문화다. 연구를 진행하는 사람들이 아시아에서 온 사람들 한 명 한 명에게 이렇게 질문했다고 한다.

"당신은 어떻게 구글이라는 훌륭한 조직의 본사까지 오게 됐어요?"

"공부 열심히 했고요, 최고의 회사에 가려고 했어요."

"이유가 뭔가요?"

"자랑스러운 아들이 되고 싶었구요, 자랑스러운 남편

이 되고 싶었고요, 자랑스러운 선배가 되고 싶었고. 자랑스러운 아버지가 되고 싶었어요."

이 연구를 진행했던 분이 이렇게 설명했다.

"그 똑똑한 사람들이 거의 모두 이 말을 하는데, 여기에 자기 얘기가 없어요. 내 목표가 아니죠. '남들에게 어떻게 보여줄까?'를 목표로 아버지가 컴퓨터 공학을 전공하라고 하면 '네, 아버지. 아, 1등 해야죠.' 이걸로 달려온 사람인 거예요. 그러다보니 직장에서도 윗사람이 목표 딱 찍어주면 막 달려와서 만들어내고, '여기 있습니다.' 하는 걸로 인정받아서 구글까지 오고, 그 나라에서도 그런 걸로 인정받았던 사람인데 본사에 와보니 판이 달라져 있는 거죠. 그러니까 그 위에 경영진으로 갈 수가 없는 거죠. 그걸 알면서도 잘 안 고쳐지는 거예요."

잘 알다시피 경영진은 찍어준 목표를 달성하는 사람이 아니라 자기 스스로 목표를 설정해내는 사람이다.

자, 이 부분이 잘 이해가 되었다면 이제 우리 자신의 인생에 적용해보자. 우리는 각자 내 삶의 경영진이 되어야 한다. '누군가에게 어떻게 보일까?'를 생각하면서 내 삶을 사는 것은 경영진의 자세가 아니다. 내 마음 깊은 곳에서 갈망하는 목표를 스스로 설정할 수 있어야 한다.

사실 학교는 이것을 방해하는 존재다. 학교에서는 이런 생각을 하면 혼난다. 일단 공부나 하고 말해. 일단 좋은 대학이나 가고 난 후에 생각해. 학교는 침묵으로 이렇게 말한다. 그러나 대학을 간 후에 이런 생각을 하는 것은 너무 늦은 일이다. 엄마가 능동적으로 나의 자녀가, 자신 안에서 솟아나는 갈망에 귀를 기울이고 그것을 추구할 수 있도록 자녀를 이끌어야 한다.

아시아인들이 구글에서 더 승진하지 못하는 세 번째 이유는 '**나의 약점을 보여줄 수 있는 용기가 없다.**'는 것이었다. 아시아 사람들은 자신의 취약점을 드러내는 것에 약하다고 한다. 내 약점을 보여준다는 것은 상대를 믿는다는 것인데 이런 깊은 신뢰가 우리 사회에는 부족하다. 왜 그럴까? 어릴 때부터 입시 위주와 경쟁구도 속에서 나의 약점이 곧 나의 실패가 되기 때문일 것이다. 또 유교적 사고방식으로 우리

나라에는 체면의 문화가 있다. 없어도 있는 척해야 하고 싫어도 좋은 척해야 한다. 그래서 보여주고 싶은 것만 보여주려 하고 자신의 부족한 점은 숨기려고 한다. 그러다보니 위험한 것, 실패할 것은 아예 시도조차 안 한다. 실패자로 낙인 찍히기 때문이다. 그래서 모두들 소위 '안전빵'을 추구한다. 이런 태도가 젊은이들로 하여금 공무원을 추구하게 한다. 실패하지 않기 위해 어떤 도전도 하지 않는다. 그러다보니 구글에서 경영자로는 부적합한 마인드가 형성된다는 것이 이 연구의 결론이었다.

엄마들은 이 연구를 잘 기억해야 한다. 그래서 내 자녀가 평생 남의 인정에 목을 매는 비참한 삶을 살지 않도록 이끌어야 한다. 남의 인정을 받는 것을 자신의 목표로 삼는 가짜 인생을 살지 않도록, 자신의 삶에 주체적인 사람으로 자랄 수 있도록 자녀를 양육해야 한다.

그러기 위해서 자녀들이 자신의 취약점을 드러내는 것에 아무 어려움이 없도록 깊은 신뢰를 주는 엄마가 되어야 한다. 엄마의 따뜻한 시선 안에서 가장 자신다울 수 있도록, 책임과 의무를 다하되 실수와 실패가 용납받는 안전한 곳으로 엄마가 늘 존재해야 한다.

초중고 12년간 진짜 해야하는 일

아이가 학교를 다니는 12년 동안 엄마들은 학교가 바라는 인재상에 매몰되어서는 안 된다. 엄마의 본질적인 일, 내 아이 존재의 본연의 모습을 발견해주어서 아이가 그 모습 그대로 남에게 기여할 수 있는 방법을 알려주는 일에 헌신해야 한다. 그 일에서 맛볼 수 있는 깊은 즐거움을 평생 길어내는 자리로 아이를 이끌어주는 일을 하는 데 이 시간들을 사용해야 한다.

행복한 엄마들은 이것을 알고 있습니다

불행한 엄마는 모르고 행복한 엄마는 아는 것

"선생님, 저희 아들은 제 말을 안 들어요. 선생님 말씀은 듣는데 제 말은 왜 그렇게도 안 들을까요?"

상담주간에 교실에 마주 앉아 속 깊은 고민을 털어놓으시던 어머니들이 생각난다.

자녀들이 나의 말을 안 듣는 것만큼 엄마에게 고통스러운 일이 없다.

"일어나면 이불 정리를 해라. 밥 먹었으면 밥그릇은 싱크대에 넣어라."

자녀들이 이런 기본적인 일에도 내 말을 안 들을 때 엄마들은 정말 괴롭다. 이 상황에서는 마음만 힘든 것이 아니다. 자녀가 말을 안 들어서 그 일을 내가 하다 보면 몸도 힘들다. 이것이 묘한 배신감으로 연결되기도 한다.

이럴 때 엄마들의 반응은 2가지로 나뉜다. 불행한 엄마는 '내가 맞는 말을 했으면 자식인 네가 말을 들어야지' 하는 반응을 한다. 그래서 자녀를 강하게 밀어붙인다. 당연히 상황은 더욱 악화된다.

행복한 엄마는 여기서 조금 다르게 반응한다. 이런 엄마들이 깊이 이해하고 있는 사실이 있다. '사람은 자기가 좋아하는 사람의 말을 듣는다'는 것이다. 자녀가 내 말을 안 듣는다는 것은 자녀의 마음이 내게서 멀어진 문제라는 것을 알고 있다. 그래서 행복한 엄마들은 이럴 때 문제의 본질에 접근한다. 가장 먼저 '나와 자녀의 관계가 어디서부터 어긋난

걸까?'를 찾으려 한다.

행복한 엄마들은 이렇게 반응한다

행복한 엄마들은 "왜 엄마 말을 안 들어!" 하고 말하는 대신 이렇게 말한다.

"우리 딸 지난주까지만 해도 이불 정리 잘했는데, 왜 무슨 일이 있었을까? 엄마가 알려주면 '아차'하면서 곧잘 했는데 이번 주는 왜 화부터 낼까?

이렇게 먼저 다가간다. 그렇게 자녀의 마음을 열고 얻어낸다. 그래서 우리의 마음이 다시 연결되면 엄마의 말을 듣는 것은 자연스럽게 따라온다는 사실을 이들은 잘 알고 있다.

하지만 슬프게도 불행한 엄마는 이런 사실에 대한 이해가 없다. 그저 '내 말이 맞는데 왜 내 말을 안 듣는지 모르겠다'고 생각한다. 맞는 말을 가장 많이 하는 직업, 교사 엄마들 중에 이런 케이스가 많다. 안타까운 사실이다.

자수성가한 아버지가 자녀교육에 실패하는 이유

자수성가한 아버지가 자녀와의 관계에서 실패하는 경우도 같은 원리다. 그분들은 자신이 성공한 방법 외의 다른 길을 인정하지 않는 경우가 많다고 한다. 이들은 자신과 자녀가 다른 존재고 서로의 성장환경도 다르다는 것을 고려하지 않는다. 자신의 성공 경험이 확실하기에 자녀에게 오직 그 방법만을 주입시키려는 모습을 보인다.

남다른 의지력으로 성공을 이룬 분 중에 이런 케이스들이 있다. 자신의 성공 노하우를 전수하며 영향력을 더 키워가는 중에 내부에서 불만이 터져나온다.

가르치는 자와 배우려는 자, 서로 안에 온전한 정직과 진실이 있었다고 할 때, 문제는 서로 다른 결일 수가 있다. 결이 다르면 다루는 방식이 달라져야 한다. 이 부분을 작은 일로 여긴다면 실패한다. 자동차 경주대회에서 구멍난 타이어로 더 빨리 달리려는 것과 같다. 결국 차는 망가진다. '내가 맞는 말을 하고 있으니 너는 내 말을 들어야 한다.'가 작동되지 않는 것이다.

엄마가 교사인 집에서 일어나는 일과 비슷한 패턴이 일어났을 것이다. '너의 성공을 바라는 나의 진심이 충실하니 너는 내 말만 들어라.' 이런 마음은 가득하고 '맞는 말이 어떤 방식으로 전달되어야 내 눈앞에 있는 이 사람을 움직여낼 수 있을까?'에 대한 고민이 부족했을지 모른다.

아는 동생에게 들었던 이야기이다. 고등학교 때 자기 짝이 엄청 부잣집 아들이었다고 했다. 얼마나 부자인지 도시락으로 대나무 밥통에 모락모락 김이 나는 오곡밥을 싸오던 친구인데 늘 학교에서 잠을 잤다고 했다. 하루는 너무 궁금해서 밤에 뭐하냐고 물었더니 매일 밤 아버지가 방에 들어와서 하루동안 공부한 내용을 검사하고 늘 혼을 낸다고 했다. 일주일에 한두 번은 "죽을래 공부할래"라고 하시며 국궁용 활을 겨누었다고 한다. 물론 화살을 쏘신 적은 없다. 일이 이러니 아들은 다음 날, 학교에서 늘 잠이 들 수밖에…. 모든 자수성가한 아버지가 그렇지는 않겠지만, 이분도 혼자 힘으로 큰 성공을 일구신 분이라고 했다.

내 자녀의 마음을 얻는 지름길

내 자녀의 마음을 얻는 지름길은 없을까? 누구보다 빨리 자녀의 마음을 얻어 행복한 엄마가 되는 길이 있다. 그것은 바로 자녀가 원하는 방식으로 자녀를 사랑해주는 것이다. 상담가 게리 체프만은 1992년 출간 뒤부터 줄곧 뉴욕타임스 베스트셀러 자리를 지키고 있는 저서 《5가지 사랑의 언어》(생명의말씀사, 2010)에서 이것을 잘 정리해주었다. 사람마다 자신이 사랑받는다고 여기는 언어가 있다고 한다. 그 5가지 언어란 인정해주는 말, 함께 보내는 시간, 선물, 봉사, 스킨십이다.

나는 세 자녀를 양육하면서 이 지름길을 직접 경험해보았다. 어떻게 했을 때 자녀들의 마음이 활짝 열리는가 오랜 시간에 걸쳐 시도해보았다. 첫째는 인정해주는 말과 함께 놀면서 시간을 보낼 때 나에게 마음을 주었다. 둘째는 선물과 스킨십, 셋째는 선물과 함께 보내는 시간이다.

같은 엄마에게서 태어났지만 서로의 갈망은 이렇게 다 달랐다. 인정해주는 말을 원하는 아들에게 계속해서 스킨십을 해주었거나 선물을 원하는 둘째, 셋째에게 인정해주는 말을 했다면 자녀들의 갈망은 채워지지 않았을 것이다.

갈망이 채워지지 않을 때 자녀들은 마음이 상하게 된다.

그런 경험을 계속하게 될 때 상한 마음은 결국 엄마를 향해 닫히게 된다. 그런 상태에서 엄마가 어떤 일을 하라고 하면 자녀는 기쁨으로 하기가 어렵다. 이런 상황을 모르는 엄마가 자녀에게 더 강압적인 모습을 보인다면 관계는 깨지기 마련이다. 불행한 엄마, 불행한 자녀의 쳇바퀴가 돌아가게 된다.

자녀의 갈망에 따라 엄마의 사랑을 부어주세요

행복한 엄마들은 자녀의 갈망을 깊이 이해하고 있다. 그래서 그 갈망에 관심과 정성을 기울인다. 그 결과 자녀와 신뢰와 애정의 관계를 맺어간다. 이러한 관계 속에서 자녀들은 엄마에게 기쁨으로 순종한다. 선순환이다.

위에서 소개한 5가지 사랑의 언어로 채울 수 있는 자녀의 갈망을 잘 이해하자. 그 후 자녀의 말과 행동을 잘 관찰하자. 내 자녀가 어떤 방식의 사랑을 받을 때 눈을 반짝이는지 나의 어떤 반응에 깊이 행복해하는지 주의 깊게 살펴보자. 이렇게 모아진 내 자녀의 빅데이터로 자녀의 갈망을 찾아내

자. 그리고 그 갈망에 잘 반응해주어 자녀의 마음을 얻어가자.

이런 엄마는 시간이 쌓일수록 더욱 행복해진다. 자녀에게서 받는 신뢰와 애정, 기쁨의 순종이 날마다 커져가기 때문이다.

4장

엄마력 있는 엄마들이 아는 것들

자신의 마음을 지킬 줄 안다

엄마는 장거리 주자들이다

"제대로 쉬는 방법도 모른 채 일과 생활에 시달리다 보면 심리적으로 감당하기 어려운 순간이 찾아옵니다. 자녀가 초등학교 3학년 즈음이 되면 엄마의 체력도 이전만 못합니다. 이곳저곳 이유 없이 아프기도 합니다. 덩달아 우울감도 자주 찾아옵니다. 설상가상 아이는 엄마가 시키는 일에 들은 척도 않습니다."

초등교사인 저자 김선호는《마음이 흔들려서 마흔인 걸 알았다》(서사원, 2022)에 이렇게 썼다. 내가 지난 20년간 학교 현장에서 보아온 어머니들 모습 그대로다.

《엄마력》이라는 책의 제목에 마음이 움직여서 이 책을 펼친 독자는 어떤 분들일까? 아이를 잘 키우고자 하는 열심이 있는 분들일 것이다. 엄마로 보낸 10여 년을 최선을 다해 달려온 분들일 것이다. 과연 이분들이 자녀 양육의 10여 년만 최선을 다했을까? 그렇지 않을 것이다. 그 전의 10년도, 그 이전의 10년도 그들은 그렇게 열심을 다해 달려왔을 것이다.

그러나 엄마는 로봇이 아니다. 단군 이래 가장 많은 교육을 받은 딸, 꿈과 희망의 온도를 아직 유지하고 있는 사람이다. 이런 정체성 안에서 많은 에너지를 써 온 우리는 먼저 나를 돌아봐야 한다. 내 안에 남아있는 에너지로 내가 얼마나 더 버틸 수 있는지 계산해보아야 한다. 우리 엄마들은 단거리 주자가 아니라 장거리 주자이기 때문이다.

엄마의 행복 배터리가 충분히 남아 있나요?

내 자녀가 초등학교에 들어갔다면 이제는 잠시 숨을 가다듬고 나를 돌아봐야 한다. 지난 시간 동안 '나'라는 존재를 이루어온 '결'들을 꺼내어 가지런히 만져볼 때가 되었다. 엄마 노릇에 방해가 될까 봐 엉킨 채 놓아둔 나의 본질들을 이제는 정돈해볼 때다. 혹 그 본질이 누군가에 의해 잘렸다 해도, 내 손으로 잘라내었다 해도 괜찮다. 그 자리에 두면 그대로 다시 붙는다. 이게 그 결의 성질이다.

다만 나 스스로 해야 할 일이 있다. 적극적으로 아무것도 하지 않는 시간을 가지는 일. 조급해하지 않고 그 시간들을 채우며 내 마음이 살아나는 것을 기다려주는 일. 잘린 마음의 결들이 생명으로 잠잠히 차오르는 것을 바라봐주는 일이 그것이다.

나 자신의 행복 에너지가 채워지지 않는 한, 자녀들에게 돌아갈 행복 에너지는 없다. 20세기 엄마든 21세기 엄마든, 엄마들이 당장 해야 할 일은 내 행복 배터리의 용량을 체크하는 일이다.

나의 '결'을 찾는 방법

그렇다면 행복 배터리를 채워 에너지를 충전하는 것은 어떻게 가능할까? 나 자신이 원하는 나의 본질, 내 결을 어떻게 찾고 가지런히 정리해야 할까?

나는 무엇보다, 자기 자신이 가장 좋아하는 일, 자신을 편안하게 만드는 일을 하라고 말하고 싶다. 새벽 5시에 일어나 내가 좋아하는 그림만 보고 있어도 된다. 깊은 밤 가족들이 잠든 후 동네 스터디 카페에서 음악만 듣다 와도 된다. 대신 내가 좋아하는 그림, 내가 좋아하는 음악이어야 한다. 어렵지 않은 일이다. 그렇게 하루에 30분부터 시작해도 좋다. 이 시간을 차곡차곡 쌓아간다.

조금씩 익숙해지면 내가 좋아하는 것을 하나씩 추가해본다. 내가 좋아하는 양말 신고 책 보기, 내가 좋아하는 니트 입고 과일 먹기…, 이렇게.

중요한 점은 내가 좋아하는 것으로 둘러싸인 이 풍경 안에서 적극적으로 아무것도 하지 않아야 한다는 것이다. 말라비틀어진 스펀지가 가랑비에 젖듯, 그 시간을 가득히 채우고 잠잠히 보내는 것이 중요하다. 지난 시간 동안 꺾이고 잘려나간 엄마의 마음에 생명이 차오르도록 가만히 기다려야 한다. 그렇게 먼저 엄마의 행복 배터리를 채워야 한다.

"만일 내게 나무를 베기 위한 1시간이 주어진다면 우선 나는 도끼를 가는 데 45분을 쓸 것이다."

에이브러햄 링컨의 이 말은 자녀 양육에 지친 엄마에게도 그대로 적용된다. 자녀 양육이라는 나무를 베기 위해 엄마의 마음이라는 도끼를, 행복으로 먼저 벼리는 것이 맞다. 이 일에 정말 많은 시간이 들어가는 것이 맞다. 그러나 행복으로 차오른 엄마의 자녀 양육 15분은 그렇지 못한 엄마의 자녀 양육 150시간보다 훨씬 강력하고 효과적이다. 그래서 이 일이 중요하다.

내가 좋아하는 게 뭔지 잘 모르겠다면

내가 좋아하는 것이 무엇인지 바로 떠오르지 않을 수도 있다. 가정과 직장에 몰두하다 보면 정말 그럴 수가 있다. 이럴 땐 중고등학교 시절에 좋아했던 노래부터 시작한다. 또 에너지가 부족해서 그냥 집에 있고 싶을 수도 있다. 대부분의 워킹맘이 그럴 것이다. 그럴 땐 집에서 할 수 있는 기분 좋은 일을 찾으면 된다. 학생 때 좋아했던 노래를 들으며 반신욕하는 것을 추천한다. 모두 잠든 시간, 온 세상이 적막할 때, 혼자 조용히 즐기는 반신욕만큼 행복한 일도 없다.

만약에 집에 입욕제와 차가 있다면 욕조에 물이 차면 입욕제를 넣고 물을 끓여 차를 준비해온다. 이제 음악을 틀고 욕조에 들어가 반신욕을 시작한다. 이때 중요한 것은 생각을 멈추고 지금 이 순간을 잠잠히 즐기는 것이다. 따스한 물, 입욕제의 향, 차와 음악. 그 안에 충분히 머무르는 일이다. 꾸준히 이 시간을 쌓아가면 놀랍게도 마음이 살아나는 것을 보게 된다.

행복했던 순간을 떠올려보자

욕조 안에서 내 몸과 마음의 피로가 충분히 풀렸으면 이런 생각을 해본다.

'내가 지금까지 살아오면서 행복했던 순간이 언제였지?'

아주 어렸을 때의 순간도 좋고 어른이 되어서의 순간도 좋다. 가족과 함께했던 순간도 좋고 친구들과 함께했던 순간도 좋다. 물론 최근에 참 행복했던 일이 있다면 그때를 떠올리면 된다. 이제는 그중의 한 장면을 선택해서 그때 내가 행복했던 이유를 생각해보자. 그렇게 나에 대해서 알아간다. ① 남편이 들고 온 화분으로 행복했던 날, ② 결이 같은 친구와의 대화로 인해 행복했던 날, ③ 내 마음을 읽어주던 노래, ④ 온몸을 풀어주던 스트레칭의 동작, ⑤ 좋아하던 캐릭터, ⑥ 좋아하던 펜의 감촉, ⑦ 숲 속의 공기, 그렇게 내게 행복을 주던 것들을 하나씩 기억해본다.

에너지가 조금 남아 있다면 이것들을 핸드폰에 음성으로 녹음해도 좋고 수첩에 직접 써도 좋다. 그 메모들이 내가 어떤 사람인가를 알아가는 데 유용한 자료가 된다. 처음에는 이런 일이 번거로울 수 있다. 그러면 반신욕만 한다. 이것만 해도 충분히 행복하다.

정리해보자. 오늘부터 당장 시작해보자. 아이들 재운 후 할 일 없이 유튜브를 쳐다보는 대신, 오늘 밤 동네 스터디카페나 우리 집 욕실에서 내 마음을 행복으로 채워나가자. 새벽이 좋은 사람은 새벽, 밤이 좋은 사람은 밤, 책상도 좋고 주방의 식탁도 좋다. 10분으로 시작해도 충분하다. 그렇게 내가 좋아하는 일을 하며 지친 내 마음을 지키고 살려 나가자. 내 마음을 살려 본 엄마가 자녀의 마음도 살릴 수 있다.

가정의 설계도를 그릴 줄 안다

엄마의 성공과 실패

2021년 5월에 있었던, 국내 최대 포털사이트 직원의 자살 소식을 다시 언급하려 한다. 이전 장과는 다른 각도에서 살펴보자. 이 일은 40대 남성이 직장상사의 괴롭힘을 견디지 못해 아파트에서 투신한 사건이었다.

쏟아지는 후속기사를 보며 나는 마음을 가누기가 힘들었다. 두 어머니의 마음을 생각해 보게 되었기 때문이다. 자식

농사 잘 지어 이제 그 열매를 맛보며 한창 행복하셔야 할 연배에, 두 어머니가 감당해야 할 몫은 너무 처참했다.

어디서부터 잘못된 것일까? 나는 한 달 정도를 이 생각에 사로잡혀 있었다.

사건 속의 두 사람은 모두 우리나라 학부모님들이 가장 부러워할 만한 프로필의 보유자였다. 우리나라에서 제일 좋은 대학을 나오고 우리나라에서 제일 유명한 기업에서 일하고 있었다. 그런데 그들에게 이런 비극적 사건이 벌어진 것이다.

나는 내가 현장에서 만나는 초등 엄마들에게 이 사건을 꼭 깊이 생각해보라고 한다. 공부를 잘하는 자녀를 둔 내 친구가, 혹은 내가 이런 일을 경험한다면?

우리 아이들에게는 이런 일이 일어나지 않으리란 보장이 없다.

나는 엄마로서 이 사건에서 무엇을 배워야 할까? 무엇을 우리 아이들에게 가르쳐야 할까? 초등교사로서 나는 어떤 책임을 가지고 아이들과 어머니를 만나야 할까?

학교에서 배우는 것이 다가 되지 않도록

이 사건에서 우리가 깊이 배워야 할 한 가지가 있다면 관계를 다루는 능력이 사람의 생명을 좌지우지한다는 것이다. 학업능력에 모든 관심을 쏟는 엄마가 꼭 명심해야 할 부분이다. 관계 능력은 학업 능력에 비하면 큰 주목을 받지 못하는 것이 학교의 현실이다. 학교는 내 아이가 큰 문제만 일으키지 않으면 관계능력은 좋은 것으로 여긴다.

사실 학업 능력은 내 자녀가 인생에서 성공하기 위한 전체 능력에서 한 부분에 지나지 않는다. 그러나 매일 가는 곳이 학교이기에 학업능력이 모든 것처럼 여겨지는 것이다.

영국에서 가장 빠른 속도로 자수성가한 입지전적인 백만장자 롭 무어의 책 《레버리지 : 자본주의 속에 숨겨진 부의 비밀》(다산북스, 2017)에 이런 말이 나온다.

"학교는 관계능력도, 비전도, 의미있는 삶을 사는 법도 가르쳐 줄 수가 없다. 그리고 학교가 가르쳐주지 않는 이것이 인생의 핵심 능력이다. 이것은 가정에서 길러주어야 한다."

학교는 학업능력만을 강조하지 관계능력을 가르쳐주지 않는다. 하지만 롭 무어 말처럼 관계능력이 훨씬 본질적인 능력이다.

엄마는 기획자

호소다 다카히로의 저서 《컨셉수업》(알에이치코리아, 2024)을 인상깊게 읽었다. 그중 비틀스의 8번째 앨범인 서전트 페퍼스 이야기가 기억에 남는다. 이 앨범은 '록 사상 최초의 컨셉 앨범'이다. 이전에 앨범이란 단순히 싱글 곡을 여러 개 엮은 것에 지나지 않았다고 한다.

그러던 시절에 비틀스는 전체를 아우르는 스토리를 가지

고 앨범을 제작했다. 이런 기획 속에 제작된 여러 연출은 당시 듣는 사람을 크게 놀라게 했다고 한다. 이러한 설정과 스토리를 전달하기 위해 앨범 재킷에 가사를 인쇄한 것도 이 앨범의 획기적인 면이었다고 했다. 당시 유럽과 미국에서는 가사를 배포하는 자체가 일반적이지 않았다고 한다.

K-pop이 이걸 잘한다. 유명 그룹의 앨범이 세상에 나올 때도 이런 기획이 있다. 기획자 머릿속에 정확한 그림이 있는 것이다. 그 후에 이 그림이 구체화 되기 위한 일의 구조와 설계가 있다. 그리고 이 일을 위해 함께 협력하는 사람과 팀이 존재한다.

이런 과정에 앞서 제일 먼저 있어야 할 것은 한 사람의 머릿속에 정리된 생각이다. 이 분명한 생각이 한 단어로 표현되고, 이 단어가 여러 사람의 협업을 통해 다양한 퍼포먼스로 표현된다. 이것이 콘셉트의 힘이고 기획의 힘이다.

나는 이 일이 내가 우리 아이들과 하는 일과 참 비슷하다는 생각을 했다. 나는 이전에 우리 가족 구성원 중 한 사람,

한 사람의 성향을 정리해나가며 우리를 한 팀으로 바라보는 작업을 했다. 그리고 미국의 많은 기업이 하는 대로 우리 가정의 존재 목적을 한 문장으로 담아내는 작업을 하고 있었다. 그러던 중에 《컨셉수업》을 보면서 이 책이 심도있게 설명하는 일이 내가 조금씩 해나가고 있는 일과 비슷하다는 생각을 하게 되었다.

역량 있는 엄마는 내 자녀를 학교와 학원에 떠넘기지 않는다. 그들의 도움은 받을지언정 내 자녀의 전체적인 기획과 훈련은 가정의 정확한 설계 안에서 이루어지게 한다.

내 자녀의 설계도를 그려본 엄마는 이런 모습

내가 앞에 말한 것과 비슷한 생각을 하는 초등 엄마라면 이런 모습을 보일 것이다. 엄마는 그동안 자녀를 유의 깊게 살펴 보아왔다.

그래서 내 자녀가 좋아하는 것, 싫어하는 것, 잘하는 것, 부족한 것에 대해 관찰한 빅데이터가 잘 정리되어 있다. 엄마는 그 정리된 데이터를 가지고 아이 인생의 청사진을 그려본 적이 있다.

'아, 우리 아이는 꼭 재질이 따뜻한 목재 같구나. 목조 주택을 지어야지. 아담한 다락방이 있는 계곡 옆 전원주택이 좋을까? 함께 사는 타운하우스가 좋을까? 아이를 더 지켜봐야지.'

'우리 아이는 콘크리트 느낌인데? 아주 강하고 튼튼해. 아파트가 좋을까? 정부청사 같은 관공서가 좋을까? 앞으로의 모습을 지켜보며 함께 이야기 나누어 봐야겠다.'

엄마는 이 정도의 파악을 하고 아이를 학교에 보낸다. 그리고 학부모 상담주간에 엄마로서 파악한 내 자녀의 성향과 청사진을 대강의 스케치로 나눈다. 그리고 부탁드린다.

"선생님, 학교는 집에서와 또 다른 아이의 모습이 드러나는 현장인 줄 압니다. 저희 아이를 지도하시면서 인상적인 부분들이 있으면 알려주시면 감사하겠습니다."

이렇게 말할 줄 아는 어머니는 담임선생님 평생에 가장

기억에 남는 지혜로운 학부모 중 한 분이 될 것이다. 그리고 그 선생님은 1년 동안 이 어머니의 자녀를 눈여겨보지 않을 수 없을 것이다.

내 자녀가 처한
맥락을 안다

돈의 속성 vs. 행복의 속성

6천억대 자산가로 알려진 김승호 회장은 사장을 가르치는 사장이다. 장기 베스트셀러 《돈의 속성》(스노우폭스북스, 2020) 작가이기도 한 그는 한 강연에서 이런 말을 했다.

"우리는 보통 돈을 많이 벌면 부자가 되는 줄 알죠. 그게 일반적인 사람들이 생각하는 방법이에요. 그런데 실제로는 제 주변에 부자거지들이 엄청 많아요. 몇 가지 돈에 대한 오해들이 있어요. 부자가 되기 위한 능력에는 돈을 버는 능력만 있는 것이 아니에요. 돈을 버는 능력, 돈을 모으는 능력, 돈을 쓰는 능력, 돈을 불리는 능력, 돈을 유지하는 능력. 이렇게 각기 다른 능력이 모여서 부자가 됩니다. 이것이 각기 다른 능력이라는 것을 이해해야 해요. 그래서 '돈만 많이 벌면 부자가 되는구나'라고 생각하는 사람들은 그 돈을 유지할 수 없게 되요. 불릴 수도 없게 돼요."

많은 사람들이 부자가 되고 싶어서 어떻게 하면 돈을 많이 벌까 생각하지만 그것만 추구하는 사람은 결국 부자가 될 수 없다는 말이다.

김승호 회장의 이 말은 나에게 굉장히 인상깊게 다가왔다. 초등교사로 20년, 엄마로 10년을 넘게 살아오면서 내가 엄마들에게 꼭 해주고 싶었던 말과 매우 비슷했기 때문이다.

사람들이 부자가 되고 싶어 하는 것처럼 엄마들은 내 자녀가 행복한 삶을 살기 원한다. 사람들이 돈을 많이 벌면 부자가 된다고 생각하는 것처럼 엄마들은 자녀가 공부를 잘하면 행복해질 거라고 생각한다. 하지만 돈을 많이 버는 능력만으로 부자가 되지 못하듯이 공부를 잘하는 능력만으로 행복한 자녀가 되지 못한다. 김승호 회장 주위에 '부자거지들이 엄청 많은' 것처럼 내 주위에 공부 잘하는 불행한 자녀들도 엄청 많았다.

행복을 위한 4가지 맥락

부자가 되는 데 4가지 각기 다른 맥락이 필요하다면 자녀가 행복해지는 데는 몇 가지 맥락이 있을까? 4가지 맥락을 살펴보고자 한다.

먼저 행복의 정확한 뜻을 살펴보고 싶다. 사전에 따르면 '행복'이란 '생활에서 충분한 만족과 기쁨을 느끼어 흐뭇함. 또는 그러한 상태'이다. 그렇다면 엄마는 가장 먼저 내 자녀가 생활 속에서 어떨 때 충분한 만족과 기쁨을 느끼어 흐뭇해하는지 잘 알고 있어야 한다.

몇 년 전 남편이 하늘색 와이셔츠를 선물 받았다. 잘 어울렸다. 그날 저녁에 남편이 내게 나지막이 이런 말을 건넸다.

"내가 기분이 좋은 것 같아서 왜 그런가 생각해봤더니 하늘색 와이셔츠가 생겨서 그런가 봐. 내가 하늘색을 좋아하나 봐."

나는 마음이 조금 짠했다. 9살 된 우리 아들은 자기가 어떤 색 옷을 좋아하고 어떤 형태의 옷을 좋아하는지 이미 잘 아는데 우리 남편은 40년이 되도록 자기를 잘 몰랐구나 하는 마음이 들어서다. 이 일이 중요한 이유는 사람마다 충분한 만족과 기쁨을 느끼는 지점이 모두 다르기 때문이다. 그래서 이렇게 생활 속에서 내 마음을 흡족케 하는 것들을 잘 기억해놓는 것이 중요하다. 우리 가족 한 사람, 한 사람의 마음을 깊이 만족시킨 것이 무엇인지를 소중하게 기억해야 한다. 나는 이것을 개인의 맥락을 파악하는 일이라고 부르고 싶다.

자녀의 행복을 위해 필요한 첫 번째 맥락은 내 자녀가 어떨 때 만족해 하는지 아는 것이다. 이것은 기질과 깊은 관련이 있다. MBTI나 애니어그램, DISC 등 시중에 나와 있는 많은 이론들이 있다. 가만히 살펴보면 3~4가지 유형으로 사람을 분류한다는 것을 알 수 있다. 사자는 고기를 먹고 사슴은 풀을 먹는다. 그런가 하면 물고기는 플랑크톤을 먹는다.

엄마가 사자 같아서 사슴고기를 즐길 수는 있다. 하지만 사슴으로 태어난 자녀에게 사슴고기를 준다면 자녀는 엄마가 싫지 않을까? 반대로 엄마 입장은 어떨까? 자기가 먹을 고기를 아껴서 자녀에게 주었는데 먹기는커녕 엄마의 희생을 몰라주는 자녀가 야속하기만 할 것이다.

부모와 자녀 사이의 많은 갈등이 이런 구도로 시작된다. 엄마인 나라는 사람의 맥락과 내 자녀의 맥락이 얼마든지 다를 수 있음을 깨닫는 것이 그래서 중요하다. 애쓴만큼 관계가 나빠지는 비극은 피해야 한다.

두 번째는 관계의 맥락을 파악하는 일이다. 사람에 대한 깊은 이해를 가진 사람이 관계에서 행복을 길어올릴 수 있다. 사람에 대한 이해를 가지고 무엇을 해야할까? 우리는 보통 관계를 맺는 능력에 초점을 맞추기 쉽다. 하지만 살다보면 관계를 끊는 능력이 훨씬 중요할 때가 있다. 관계의 어려움으로 목숨을 끊는 사람들을 보면 알 수 있다. 그들은 관계를 끊는 다른 건강한 방법을 알지 못했다. 그래서 스스로 목숨을 끊음으로 자신이 힘들어하는 관계를 끊어냈다. 엄마로서, 초등교사로서 너무 가슴 아픈 대목이다.

우리 엄마들이 먼저 사람에 대한 깊은 이해를 가지고 있어야 한다. 어머니들을 만나보면 이 부분이 굉장히 취약한 것을 본다. 그래서 치르는 대가는 너무도 크다. 엄마가 어떤 사람과 관계를 맺고 끊어야 하는지에 대해 바른 이해를 가지고 자녀를 잘 이끌어주어야 한다.

세 번째는 공간의 맥락을 파악하는 일이다. 우리는 물리적인 몸을 가졌다. 그래서 항상 물리적 공간 안에서 생활한다. 내 몸에 잘 맞는 옷을 입을 때 생활하기에 편하듯이 내 생활에 잘 맞는 공간을 짜임새 있게 구성하는 능력은 나의 행복과 직결된다. 내 몸이 가장 먼저 위치하는 공간, 속옷과 겉옷에서 시작해서 내 방, 내 집, 내 사무실, 내 작업실. 내가 있는 어디든지 내 취향과 작업 내용의 핏에 잘 맞는 공간을 구성할 수 있는 능력은 나를 행복하게 한다. 《대학(大學)》의 '수신제가치국평천하(修身齊家治國平天下)'와 비슷한 개념이다. 정리와 청소가 이 능력 안에 포함된다. 정리는 물건의 본질을 깨달은 상태로 진행되는 것이고 청소는 나의 본질이 내 몸 안에서 100%로 깨어나도록 내 공간을 신선하게 하는 일이다. 정리해본다면 나라는 사람이 최고의 아웃풋을 내는 데에는 3가지의 연결이 좋아야 한다. **나의 공간**과 **그곳을 채우는 물건**, 그리고 **그 속에 거하는 나**가 바로 그것이다.

24시간 공기처럼 마케팅이 우리를 둘러싼 세상 속에서 살다보면 필요 없는 물건으로 가득 찬 나의 공간을 마주하게 된다. 그래서 내게 꼭 필요한 물건이 무엇인지 아는 일이 중요하다. 그래야 그 물건 외에 다른 물건을 버릴 수 있다.

네 번째는 시간의 맥락을 파악하는 일이다. 시간의 맥락 속에서 우리는 정해진 시간에 정해진 일을 반복해서 훈련한다. 그 결과 일을 성취하는 능력이 커지고 탁월함이 열매 맺는다. 나는 이것을 '30분이라는 벽돌 한 장'이라고 부른다. 우리는 눈을 뜨면 날마다 48장의 벽돌을 받는다. 16장의 벽돌로 깊은 수면을 매일 쌓아가는 자녀는 건강하게 잘 자랄 것이다.

매일 2장의 벽돌로 피아노 치기를 훈련하는 자녀는 좋은 연주자가 될 것이다. 매일 3장의 벽돌로 좋은 음식을 바르게 섭취하는 자녀는 건강한 몸으로 노년까지 살 수 있을 것이다. 시간이라는 벽돌은 결코 시간에 그치지 않는다. 자녀의 건강한 미래를 건축하고 엄마의 행복을 건축한다.

성공을 보장하는 실패의 3단계를 안다

나의 단계를 알아야 한다

주위의 엄마들을 보면 다들 각자의 단계가 있다. 한창 육아로 인해 몸과 마음을 다 쏟아야 하는 단계, 아이가 조금 자라서 한숨 돌리며 자신을 돌아보게 되는 단계, 내 마음을 잘 보살피며 살려내어서 내 중심과 힘을 채워가는 단계, 내 안에 생긴 힘으로 또렷한 시선을 가지고 자녀들을 깊이 알아차리는 단계, 자녀들과 그 마음이 잘 연결되어 내 안의 사랑으로 아이들이 오롯이 피어나도록 가꾸어주는 단계.

세상의 모든 엄마들은 모두 각각의 단계 어디쯤에 자리해 있다. 그리고 이 단계들은 서로 겹쳐 있기도 하다.

1단계 : 건강, 건강, 건강

자녀가 어려서 한창 몸과 마음을 쏟아야 하는 엄마들은 아이들에게 집중하다가 자신을 돌보지 못할 때가 많다.

매일 우리 몸에는 병원균이 들어오지만 내 몸의 면역력이 그것을 이겨내기에 병에 안 걸린다.

한때 나는 입술이 부르트고 코 속이 늘 헐어 있었다. 결혼하기 전에는 하루 이틀이면 없어지던 증상이었다. 아무리 길어도 2~3일만 기다리면 없어졌다. 그런데 육아로 쉴 새 없이 움직이다 보니 염증이 사라지질 않았다. 3~4년 내내 코와 입꼬리 주변이 헐어 있었다.

그때부터 염증에 대해 주의를 기울이게 되었다. 그리고 '입술과 코에 생긴 염증은 눈에 보이니 알 수나 있지. 내장에 생긴 염증은 보이지도 않을 텐데. 그 염증이 계속 낫지 않는다면?' 하는 생각을 하게 되었다. 그래서 식생활에 많은 관심을 가지게 되었다.

아이들을 잘 기르는 것도 좋고 살림을 잘하는 것도 좋다. 하지만 내가 건강을 잃어 내 몸을 마음대로 움직일 수 없고, 다른 사람이 나를 도와야 한다면 자녀 양육은 포기해야 한다.

그래서 아직 아이가 어린 경우, 10세 미만인 경우에는 엄마 자신의 몸과 마음의 건강을 지키는 일에 깊은 관심을 가졌으면 한다. 아이가 5살이 되었다면 지난 5년 동안 엄마가 되기 전에는 한 번도 안 썼던 몸과 마음을 쓴 셈이다. 그 근육을 풀어주는 데 꼬박 5년이 걸린다. 앞에서 안내한 반신욕, 내가 좋아하는 것 찾기 등을 하며 나의 몸과 마음을 살려내는 것 한 가지만 해도 정말 좋은 엄마라고 꼭 말해주고 싶다.

2단계 : 실패가 성공의 밑거름임을 앎

21세기 엄마들은 이미 많은 정보들을 가지고 있다. 탁월한 교사들이 책과 유튜브를 통해 자신의 지식들을 전수해주고 있다. 그런 분들의 강의를 듣다 보면 어느 순간 이런 생각이 든다.

'내가 지금 머리만 커졌구나.'

자녀양육을 책으로만 배운 것이다. 나는 이 책《엄마력》이 엄마들에게 그런 식으로 다가갈까 봐 두렵다. 이 책은 한 엄마, 한 엄마의 실제적인 실행력을 끌어올리는 책으로 언제나 펼쳐져 있기를 바란다.

바싹 마른 논을 생각해보자. 오랫동안 가뭄이 들어 바닥이 쩍쩍 갈라진 논바닥. 거기에 수로를 연결하여 콸콸 쏟아지는 물을 공급했다. 우리 생각에는 이 논이 물을 쫙쫙 흡수할 것 같지만 실제는 전혀 아니다. 이렇게 심하게 마른 땅에는 철판 위를 또르르 흘러가듯이 물이 흘러만 간다. 오히려 기름지고 윤택한 땅이 물을 잘 흡수한다. 단단해진 땅에는 물이 전혀 흡수되지 않는 것이다.

사람도 마찬가지다. 다들 같은 마트에 가서 비슷한 식재료를 사 온다. 하지만 오늘 저녁 우리 집 상차림은 오롯이 엄마의 실력에 달려 있다. 더 맛있는 것을 더 정성껏 만들어주고 싶은 마음이 실제가 되기 위해서는 실력이 있어야 하는 것이다. 그리고 이 실력은 숱한 실패와 시행착오로 키워진다.

3단계 : 복기하는 능력

나는 인생의 깊은 골짜기를 지나온 동료나 선배들에게 꼭 물어보는 것이 있다.

"다시 그때로 돌아간다면 어떻게 하시겠어요?"

뼈아픈 질문이다. 그래서 아무에게나 물을 수는 없는 질문이다. 질문하는 이가 그 부분을 드러내고 싶지 않다면 무례함을 범하는 말이 되기 때문이다.

나 스스로에게 이 질문을 할 때도 마찬가지다. 나 자신이 나의 치부와 부족함을 직면하기 싫다면 이 질문은 피하고 싶은 곤혹스러운 작업이 된다. 그렇다면 실패를 복기하기는 어렵다. 이때 중요한 것이 내 마음의 상태다. 내 마음이 나 자신에게 투명하고 말랑한지 살펴보아야 한다. 아니라면 딱딱한 마음을 먼저 부드럽게 하는 단계가 필요하다.

내 마음이 나 자신에게 온전히 용납되어 안전한 느낌을 받는다면 준비가 되었다. 실패와 시행착오에 대해 늘 이렇게 물어야 한다.

"다시 그때로 돌아간다면 나는 어떻게 할 것인가?"

그리고 그에 대한 대답을 내는 훈련을 스스로 계속해서 해야 한다. 이것이 나의 실패를 내 성공의 자양분으로 만드는 가장 효과적인 방법이다. 그리고 이 훈련을 지속적으로 하다보면 다른 사람의 실패에서도 깊이 배울 수 있는 능력이 생긴다. 내 앞에 닥치는 상상을 초월하는 문제 앞에서 나도 모르게 쌓인 복기의 데이터들이 스스로 자신을 정리해 해결책을 내어놓는다.

건강, 좋은 실패, 복기의 3단계를 통해 우리는 날마다 역량 있는 엄마로 우리 자신을 성장시킬 수 있다.

열매를 위해
뿌리를 가꾸어야 함을 안다

아이의 문제행동이라는 열매의 뿌리

〈우리 아이가 달라졌어요〉와 같은 TV프로그램을 보면 문제행동을 하는 아이들의 사례가 등장한다. 다양한 문제행동 속에서 그 아이가 그렇게 행동하는 이유를 진단하는 시간이 있다. 가만 들여다보면 아이의 잘못된 사고방식이 있고, 그 출처는 부모임을 알게 된다.

나도 이런 경험이 있다.

스위스 초등 저학년생의 아침 식사 준비

TV에서 스위스의 초등 저학년 여학생이 등교 준비하는 것을 본 적이 있다. 얼마 전에 태어난 막내를 돌보느라 엄마는 안방에서 나오지 않았다. 이 여학생은 일어나서 씻고 옷을 입은 후 능숙히 머리를 묶고 주방으로 들어왔다. 우유와 시리얼을 꺼내 볼에 담아 먹고 자리를 정리했다. 양치질을 한 후 가방을 메고 학교로 출발했다.

나는 간단명료한 과정으로 이루어진 그 아이의 등교를 보고 한동안 멍해진 기분이었다. 매일 아이에게 시리얼을 먹이고 싶지는 않지만 저렇게 간단한 메뉴로 아침을 먹는다면 아이 스스로 식사준비와 정리를 할 수 있구나 하는 것을 알게 된 것이다.

이 여학생은 어떻게 해서 스스로 아침식사 준비와 정리를 할까? 왜 우리 아이들은 그렇지 않을까? 이 차이를 한참 고민해보았다. 문제는 나의 마인드였다.

'우리 아이들은 아침식사 준비를 할 수 없다.'

나는 분명히 이렇게 생각을 하고 있었다. 그 결과 우리 아이들은 정말 이 일을 못하는 아이들로 자라고 있었다.

아이들이 참여한 아침 식탁

'복잡한 아침 식단'과 '아이들이 식사 준비를 할 수 없다는 잘못된 전제', 나는 이 두 가지 문제를 고쳐나갔다. 우선은 식단이었다. 아이들은 작은 성취를 맛보면 좋아한다. 그래서 그 일을 계속 하고 싶어한다.

처음에는 바나나와 야채주스로 시작했다. 준비가 간단하고 아이들이 좋아하는 아침이었다. 먼저 아이들에게 시키지는 않았다. 내가 갈아서 만드는 법을 보여줬다. 나는 예쁜 컵에 야채주스를 담고 바나나를 준비했다. 간식을 먹는 기분이어서인지 아이들은 기뻐했다. 아이들의 기분이 좋을 때 이렇게 말했다.

"이제 아침은 이렇게 간단히 먹을 거야. 너희들도 만들 수 있겠지?"

"네!"

바나나를 매일 먹을 수는 없는 노릇이다. 그래서 그다음에는 아이들이 좋아하면서 비교적 간단한 또띠아롤을 준비했다. 양배추, 오이, 빨강과 노랑 파프리카를 썰어 그릇에 담는다. 그리고 불고기를 익혀 그릇에 담는다. 그 후 아이들 앞접시에 또띠아를 하나씩 놓아둔다. 아이들은 기뻐하며 스스로 잘 말아먹었다.

"엄마, 매일 아침을 이렇게 먹어요."

"그래, 자주 먹자. 너희들 스스로 말아 먹으니 엄마도 편하고 좋아."

그 후 정리하는 일도 하나씩 위임했다. 한 사람씩 자기 그릇을 씽크대에 넣고 의자를 정리하도록 훈련했다. 그리고 3명에게 당번을 정해주었다. 한 사람은 설거지를 하고 한 사람은 식탁 위를 치우고 한 사람은 음식물쓰레기를 치우도록 훈련해갔다.

아이들의 변화

처음부터 쉬웠던 것은 아니다. 매일 이렇게 하자 아이들은 짜증을 내기 시작했다.

"왜 밥 차리고 치우는 걸 우리가 해야 해요? 왜 우리한테 다 시켜요?"

나는 이 말들이 괘씸하고 억울했지만 이내 마음을 다잡았다. 내가 잘못 키운 대가라는 생각이 들었기 때문이다. 아이들의 저 말은 잘못된 프레임에서 나온 말이다. 나는 대답할 필요가 없었다. 다만 나는 이 말을 침착하게 반복했다.

"얘들아, 엄마가 무엇을 하라고 했지?"
"얘들아, 엄마가 무엇을 하라고 했지?"

내 안에 견고한 확신이 있었기 때문에 그럴 수 있었다. 아이들의 융단폭격 같은 짜증도 이 말 앞에서 조금씩 사그러져 갔다. 아이들의 완고함이 나의 단호함 앞에 꺾여갔었다. 아이들 마음에 자라난 게으름과 무책임이 조금씩 제거되고 있었다.

감사할 줄 아는 사람

어떤 엄마들은 아이들 먹이기에 급급해 음식을 떠먹여 주기도 한다. 식당에서 이런 모습을 자주 본다. 자기 입으로 들어가는 밥도 스스로 먹을 수 없도록 엄마가 만드는 것이다. 이렇게 자라난 아이들은 자연스럽게 자기밖에 모르는 사람이 된다. 나도 우리 아이들을 밥상이 준비되기까지의 수고, 밥상을 치우고 그릇을 닦아 제자리에 넣는 수고를 모르는 자녀로 키웠다. 부모님께 감사하지 못하는 아이로 스스로 키우면서도 그 사실을 깨닫지 못했다.

내 자녀에게 올바른 식탁예절을 훈련하는 일은 이렇게 중요하다. 식탁 준비와 정리의 수고를 아는 아이들은 다른 사람의 수고에 감사할 줄 안다. 이런 자녀들이 부모님과 다른 사람에게 감사할 줄 안다.

뿌리와 열매

눈에 보이는 열매는 '자녀가 스스로 자신의 식사를 준비하고 설거지를 한다.'이다. 하지만 이 행동의 뿌리에는 자기

일을 스스로 돌볼 줄 아는 '책임감'과 다른 사람의 수고에 대한 '감사함'이 있다. 이런 마음의 태도를 먼저 심어주어야 한다. 이런 마음가짐에서 비롯된 행동이 아이의 내면을 견고하고 윤택하게 만든다. 하버드가 바라는 인재상처럼 타인에게 기여하고자 하는 마음이 가득한 사람이 되게 한다. 아이는 그런 마음 안에서 흐르는 창조적인 생각과 행동으로 자신과 남을 돌본다. 주위의 사람들은 그런 나의 자녀와 늘 함께하고 싶을 것이다. 성공과 행복이 그를 따르게 된다. 삶의 시련과 아픔이 없을 수 없지만 그 속에서 서로 어깨를 기대며 헤쳐나갈 수 있는, 자신을 닮은 사람들이 그의 주위에 깃들게 된다.

뿌리에서 가지로 흐르는 생명

이와 같은 열매를 얻기까지 많은 시간이 걸린다. 똑같은 행동을 반복해서 지도하는 엄마의 수고가 있어야 한다. 그래서 엄마에게 가장 필요한 것은 인내다. 어떻게 이 끝날 것 같지 않은 훈련의 시간들을 매일 반복할 수 있을까? '인내'라는 마차를 끄는 말은 '소망'이다. 기여하는 아이로 훌륭하게 자라날 내 아이의 미래를 소망의 눈으로 보는 것. 그 강력한 기쁨이 매일의 엄마의 삶을 이끌게 해야 한다. 하루하루 눈에 보이지 않지만 굳건히 세워져가는 아이의 바른 가치관, 좋은 습관들. 이것이 전체적으로 구비되어 나와 남을 이롭게 하는 사람으로 자라나 어디서든 자신의 몫 이상을 해내는 사람이 될 것이라는 소망. 이 소망이 엄마의 마음이라는 가지를 통해 흘러 아이의 마음으로 흘러간다. 낙심이나 절망의 어둠이 깃들다가도 이 소망의 빛에 밀려난다. 매일 이 생명을 공급받은 아이는 자신의 삶에서 탁월한 열매를 맺을 것이다.

5장

엄마력 있는 엄마들이 이렇게 합니다

여름방학과 겨울방학을 놓치지 마세요

비움과 채움의 시간

학기 중에는 엄마도 아이도 바쁘다. 그래서 무엇을 새로 시작하고 싶어도 계속 진행되어 온 생활패턴에 관성이 있어서 그게 쉽지가 않다. 이럴 때 방학이 좋은 계기가 된다. 방학기간을 잘 계획해서 의미있게 보내면 삶을 재정비하는 데 큰 도움이 된다. 이번 장에서는 8가지 삶의 중요한 축들을 리셋하는 방법을 조망해 보고, 이어지는 장에서는 몇 가지에 초점을 맞추어 조금 더 구체적으로 살펴보고자 한다.

무엇을 가장 먼저 리셋해야 할까? 이 질문이 중요하다. 사실 보이는 모든 것들은 보이지 않는 것에서 시작된다. 나와 자녀의 생활을 리셋하기 전에, 보이지 않는 엄마의 마음을 리셋하는 것이 가장 먼저다.

방학 기간 동안 엄마인 나의 마음을 찬찬히 살펴보자. 자녀를 바라보는 내 마음이 불안으로 가득한지 평안으로 가득한지. 방학기간을 통해 최고의 습관을 체득한다해도 이 일을 하는 엄마의 동기가 불안이라면 자녀 안에 이 불안이 고스란히 전달된다. 그리고 그 불안은 열매를 맺어낸다.

반대로 자녀를 바라보는 엄마의 마음이 깊은 안정감으로 차 있다면 이 안정감 역시 자녀의 마음에 그대로 전달된다. 안정감을 가진 엄마는 자녀를 신뢰할 줄 안다. 자녀가 실수를 해도 엄마는 발끈하지 않는다. 이 모든 시행착오를 통해 자녀가 배우고 깨달아 마침내 온전해질 거라는 믿음이 엄마 안에 있기 때문이다. 이러한 엄마의 시선이 자녀 내면의 모든 것을 바꾸고 만들어낸다. 엄마의 믿음대로 자녀는 그런 사람으로 자라난다. 실패 속에서도 배우며 어떤 어려움 속에서도 자신을 일으켜 세우는 단단한 사람으로 내 자녀를 키우고 싶다면, 가장 먼저 나의 마음을 깊은 안정감으로 채워야 한다.

냉장고 리셋하기

학기 중에는 점심식사를 급식으로 해결한다. 하지만 방학은 집에서 아침, 점심, 저녁을 모두 먹게 된다. 엄마가 집에 있을 수도 있지만 직장생활을 할 수도 있다. 그렇다면 더욱 자녀가 스스로 몸에 좋은 음식을 손쉽게 준비해 먹도록 훈련하는 일은 중요하다.

냉장고를 리셋한다는 것은 단순히 냉장고 정리를 뜻하지 않는다. 그 이상을 의미한다. 매 끼니의 정확한 식단은 아니라도 '금요일은 생선 먹는 날' 정도의 원칙이 필요하다. 그래야 식재료를 구입할 때도 에너지가 덜 든다. 그런 원칙에 따라 장을 보면, 냉장고에 있는 식재료로 음식을 해먹을 때 '오늘은 무엇을 먹을까?'를 생각하는 일이 쉬워진다.

옷장 리셋하기

"엄마 뭐 입어요?"를 영원히 없애줄 수 있는 좋은 기회가 방학이다. 지금 자녀의 옷장을 열어보자. 옷장을 딱 열었을 때 월요일에 무엇을 입을지 한눈에 들어오지 않는다면 옷장 리셋은 필수다. 여름방학인데 겨울용 양말이 나와 있거나 겨울방학인데 장갑이 보이지 않는다면 방학이 시작되자마자 옷장부터 리셋해야 한다. 속옷도 살펴보자. 자녀가 성장해서 속옷이 작아졌거나 오래 입어 속옷 색깔이 위생적이지 않게 보인다면 속옷 구입부터 시작하자.

문해력 리셋하기

예비 초등학생이나 1~2학년 부모님들이 방학기간에 꼭 해야 할 것이 있다. **받아쓰기 훈련**이다. 매일 30분씩 꾸준히 하면 좋다. 요즘 인터넷에 받아쓰기 급수표가 많이 나와 있다. 처음부터 받아쓰기 시험을 보는 것보다는 보고 따라쓰기로 시작하자. 한 반 22명 중에 보고 그대로 따라쓰기를 해도 1~2명만 틀리지 않게 써 낸다. 이것이 요즘 1~2학년 교실의 현실이다. 받아쓰기 급수표를 보고 집에서 엄마와 채점해오라는 숙제를 내면, 정확히 채점하는 엄마가 드문 것도 오늘날 분주한 각 가정의 현실이다. 많이 분주하고 신경 쓸 것이 많지만 받아쓰기 학습은 방학 중에 꼭 챙겼으면 한다. 단어를 정확히 읽고 쓰는 능력이 아이 문해력의 토대가 되기 때문이다.

글쓰기 리셋하기

우리가 학교에 다닐 때만 해도 일기는 매일 써 갔다. 하지만 요즘은 매일 일기 쓰는 학급이 드물다. 어머니들을 만나보면 그때처럼 매일 일기를 쓰면 자녀의 글쓰기 실력이 늘텐데 하며 아쉬워하시는 분이 많다. 줄글로 한바닥을 쓰는 일기는 막 글쓰기를 시작하는 자녀들에게 부담이 될 수 있다. AI시대를 맞이해서 미드저니로 그림일기 쓰기를 시작하면 좋겠다. 이렇게 시작하면 영상을 만들어주는 AI, 음악을 만들어주는 AI로 확장해가기도 쉽다. 글과 그림으로 자신의 마음을 표현하는 일에 능숙해져서 영상과 음악으로 자신을 표현하는 데까지 나아가는 일을 이제 손쉽게 집에서도 훈련할 수 있다.

하루의 시간 리셋하기

엄밀히 말하면 시간은 리셋할 수 없다. 하지만 그 하루의 시간을 어떻게 사용할 것인가는 리셋할 수 있다. 30분을 하나의 벽돌처럼 생각해서, 하루의 집을 지어간다는 개념을 아이들에게 심어주면 좋겠다. 단순히 '학교 공부를 한다'는 차원을 넘어서 '유년시절부터 노년에 이르기까지 매일 30분씩 무엇을 반복해서 쌓으면 좋을까?', '무엇을 쌓으면 이것이 내 자녀의 풍성한 삶을 위한 인생의 자산이 되어줄까?'하는 질문부터 시작했으면 좋겠다. 그 활동이 정해졌다면 매일 반복해서 그 일에 능숙해지는 경험을 아이가 꼭 맛볼 수 있도록 하면 좋겠다.

가정의 가치관 리셋하기

얼마 전에 수능만점을 맞은 유명대학 의대생이 여자친구를 살해한 뉴스가 인터넷을 덮었다. 학업이 중요한만큼 가치관 교육이 중요하다. 어떻게 하면 가치관을 잘 교육할 수 있을까?

나는 이런 방법을 추천한다. 우선 엄마의 가치관이 잘 드러난 책을 한 권 고른다. 엄마가 아이에게 전수해주고 싶은 가치관과 행동들이 잘 들어있는 책을 한 권 골라서 아이와 방학기간에 함께 읽는 시간을 가질 것을 꼭 추천한다. 이 책으로 나와 자녀 안에 올바른 가치관을 매일 30분씩 세워가자. 나와 자녀의 마음 속에서 일어나는 풍랑, 세상 속에서 쏟아져 들어오는 풍랑 속에서도 이 가치관이 무거운 닻이 되어줄 것이다. 아무리 거센 풍랑 속에서도 견고한 닻줄의 힘으로 굳건히 버티는 이 배는 결코 떠내려가지 않게 된다.

토요일 저녁식탁 리셋하기

유대인들에게는 안식일 저녁식탁이 특별하다. 온 가족이 둘러앉아 식사하며 깊은 마음을 나누는 놀라운 시간이다. 매주 반복되는 이 시간으로 인해 가족들은 깊이 연결된다. 우리도 가족끼리 깊게 마음을 나눌 수 있는 식탁 교제가 매주 정해진 시간에 있으면 좋겠다. 이 시간을 통해 부모와 자녀가 서로를 더욱 깊이 이해할 수 있다. 사춘기를 무사히 보내는 치트키가 될 수 있다. 방학을 이용해서 이런 시간들을 일구어가자.

가족 안에 이 문화가 잘 정착되었다면 2~3달에 한 번씩 다른 사람이나 다른 가정을 초대해서 조금 확장된 의미의 가족 안에서 깊은 교제를 나누는 것을 시도해보자.

가장 큰 자원,
사람의 마음

꽃보다 사람, 돈보다 마음

엄마들은 잘 알고 있다. 꽃이 아름답지만 내 자녀가 더 아름답다는 사실을…. 정말 사람이 꽃보다 아름답다.

마찬가지로 돈이 제일 중요한 자원인 것 같지만 사람의 마음이 더 큰 자원이다. 그래서 우리 엄마들은 나와 내 자녀의 마음을 항상 살펴야 한다. 아무리 많은 시간을 확보하고 아무리 많은 돈이 있다해도 서로의 마음이 깨지면 이 자원들은 생산적으로 활용되지 못하기 때문이다. 생각해보면 돈을 버는 것도 마음이 하는 일이다. 마음이 바이브를 내어야 사람들에게 이타적으로 존재할 수 있고, 그렇게 도움이 되는 상품과 서비스가 있어야 사람들이 가치를 알고 값을 치른다. 마음이 살아있어야 돈도 벌어지는 것이다.

그렇다면 눈에 보이지 않는 이 마음을 어떻게 돌보고 살필 수 있을까? 이것은 생명을 지키는 일과도 같아서 이 책에서 계속 반복하는 주제다. 요컨대, '**엄마의 마음과 자녀의 마음을 살아서 팔딱거리게 하는 일**' 말이다.

나는 최근에 미드저니를 이용해서 그림을 그리며 기쁨에 찬 시간을 보냈다. 내가 가장 좋아하는 것 12가지를 적은 후 그것을 잘 드러내는 그림체를 생각하고 장면을 구상해 프롬프트를 작성했다. 과연 미드저니는 놀라웠다. 내 마음에 흡족한 풍경을 내가 원하는 감성으로 눈앞에 펼쳐주었다. 이 경험이 너무 즐거워서 한동안 매일 그림을 그렸다.

글과 그림으로 토요일 저녁 식탁에서 마음 나누기

방학기간을 이용해서 '내가 좋아하는 것'이라는 주제로 아이들과 그림을 그려보자. 미드저니를 사용해서, 한 주는 '내가 좋아하는 것', 한 주는 '엄마한테 듣고 싶은 말', 한 주는 '나에게 100억이 있다면', 한 주는 '내가 가장 슬펐을 때' 이렇게 주제를 정해서 매일 그림 한 장과 3문장 정도의 글을 쓰는 것이다. 이렇게 가볍게 시작해보며 토요일 저녁식탁에 가족이 모여 그림을 설명하는 시간을 가진다. 내 마음을 알려주고 서로의 마음을 알게 되는 행복의 시간이 펼쳐질 것이다. 학기 중에는 괜히 마음이 바빠서 시작할 엄두가 안 날 수도 있다. 꼭 방학의 시간을 놓치지 말고 이 일을 시도해보면 좋겠다. 그래서 우리의 마음이 가정 안에서 몽글몽글해지고 상한 마음이 회복되는 시간이 되기를 바란다.

필사로 가치관 전수하기

김종원 작가의 《66일 인문학 대화법》이라는 책을 추천한다. 방학 중에 이 책을 읽고 소화시켜 내것으로 만들면 좋겠다. 필사해도 좋겠다. 가장 적극적으로 책을 읽는 방법이 필사다. 이 활동을 통해 아이에게는 근사한 가치관과 마음의 태도를 전수할 수 있다. 또 문해력 훈련의 최고봉인 필사도 엄마의 뒷모습으로 가르칠 수 있다. 풍성한 사랑과 지혜를 통해 엄마와 자녀의 마음이 날마다 기름지고 윤택해지는 것은 덤이다.

함께하는 운동이나 예술활동 참여하기

오케스트라도 좋고 축구클럽도 좋다. 함께하는 운동이나 예술활동 동아리를 찾아보자. 우리 가정은 아이들이 합창단 활동을 한다. 합창의 진정한 묘미는 무대 위 연주회보다 매주 모이는 연습의 날들에 있다. 합창단 안에서 언니들이 할 수 있는 일, 어린 동생들만이 할 수 있는 일, 행복한 마음에서 나오는 좋은 소리, 그 소리들을 하나로 모을 때의 느낌, 이 모든 것을 이끌어 주시는 지휘자님과 반주자님, 연습실 밖 엄마들의 간식준비, 생일을 맞은 친구에게 보내는 축하의 노래, 간단한 생일파티, 이 모든 장을 열어주시고 펼쳐주시는 총단장님과 이사장님의 리더십, 행정과 안내로 수고해주시는 학부모 대표님, 합창단 아버님들의 바리스타 대행진, 합창단 이모들의 신박한 손재주들, 그 행복을 맘껏 누리는 아이들의 행복한 웃음소리, 웃음소리, 웃음소리. 이 모두가 모여 엄마와 아이들의 마음을 촉촉하게 한다. 자, 지금 바로 검색창을 열어 함께할 수 있는 운동 동아리나 예술활동 동아리를 검색해보자.

고양시
더봄소년소녀합창단
인스타그램 바로가기

마음도 내시경이 필요합니다

김미경 작가님의 책 《마흔수업》에 이런 내용이 나온다.

"얼마 전, 나는 내가 아침마다 느꼈던 부정적 감정과 생각들을 단어로 일일이 써본 적이 있다. 무려 45가지에 달했다."

곧 단어들이 뒤따른다.

"후회, 비참함, 패배감, 무능감, 무기력, 불안, 거짓된 두려움, 공포감, 궁지에 몰림, 충격, 위험, 분노, 억울함, 시달림, 음모, 험담, 어리석음, 미련함, 시기, 질투, 비교, 자책, 열등감, 열패감, 절박함, 실망감, 낙심, 의심, 빈곤, 열악함, 취약함, 억눌림, 압박감, 몰락감, 추락감, 무시당함, 무의미, 무가치, 부질없음, 착취, 우울감, 걱정, 건강걱정 등등'

나는 이 대목을 읽고 잠시 멈춘 후 다시 천천히 읽어내려갔다. 후회. 읽고 멈춘다. 비참함. 읽고 멈춘다. 그렇게 읽어내려가다 음모와 빈곤에서 또 한참 머물렀다. 그리고 낙심, 취약함, 부질없음에서 다시 한참을 머물렀다.

'대한민국 국민이 다 아는 김미경 작가님도 아침마다 이런 감정들과 싸우는구나.' 싶었다

"사실 이 단어들은 우리 모두가 피하고 싶지만 늘 마주칠 수밖에 없는 것이다."

그렇다. 사람 마음의 풍경은 대개 엇비슷하다. 작가는 바쁜 일상에 치여 이 질문에 진지하게 답을 못해서는 안 된다고 설명한다. 회피하거나 쏘아붙이는 것으로 넘어가지 말라

고 다독인다. 그리고 이 감정과 엉킨 생각 속에서 가장 핵심적인 지문을 찾아내어 직면하라고 한다.

마음이 회복되도록

깊이 동감하는 바이다. 이번 방학 동안 엄마들의 마음이 부드럽고 말랑거리는 생기로 가득차기 위해서 꼭 이 작업이 필요하다. 지금까지 살아오며 나의 의식과 무의식에서 나를 지배하고 있는 형체를 알 수 없는 감정들이 있다. 이것이 상한 마음이나 쓴 뿌리에서 나오는 감정이라면 그것은 독소로 가득하다. 더 치명적이 되기 전에 이 상함의 실체를 정확히 보고 그것을 해결할 필요가 있다. 이것이 중요한 이유는 자녀들에게 이 마음이 그대로 전수되기 때문이다.

새벽시간이 좋아 보인다. 일어나서 30분을 이렇게 사용하면 좋겠다. 나의 부정적인 감정을 정직하게 직면하자. 그리고 그 감정을 찬찬히 들여다보자. 그렇게 이 독소들의 근원을 찾아보자. 그것이 과거의 상처받은 경험인지, 현재 내 삶 속에 진행되고 있는 어려운 관계의 문제인지, 미래에 대한 불안과 두려움인지 살펴보고, 내 마음의 흐름을 조곤조

곤 적어가며 찾아내보자.

아무도 대신해 줄 수 없는 일이다. 끝이 보이지 않는 터널 같아서 시작할 엄두를 못낼 수 있지만 그렇지 않다. 참으로 시작은 반이고 터널에는 끝이 있다. 그리고 그렇게 나를 진단하고 고쳐본 경험은 깊은 내공으로 남아서, 내 자녀가 똑같은 터널을 지날 때 누구보다 안전하게 자녀를 도와줄 수 있다. 마음을 다루는 일은 학원이 맡아서 해 주지 않는다. 엄마가 배워서 알려줄 일이다.

시간을 대하는 자세가 자녀의 행복을 결정합니다

1만 시간의 법칙

1993년 미국의 심리학자 앤더슨 에릭슨은 1만 시간의 법칙을 발표한다. 어떤 분야의 전문가가 되려면 최소한 1만 시간 정도의 훈련이 필요하다는 의미다. 여기서 잠시 멈추고 생각을 해봤으면 한다. 이 법칙의 유명세가 가지는 권위 앞에서 아무런 생각없이 "와!" 하지 말고 조금만 우리 자신의 머리로 생각을 하면 좋겠다. 가만 보면 이건 너무 당연한 말이다. 뭐든 오래하면 잘하게 된다. 대단한 법칙같지만 지극히 상식적인 말을 정교한 수치로 근거를 들어 발표한 논문일 뿐이다.

그렇다면 1만 시간의 법칙은 별 의미가 없다는 뜻일까? 아니다. 이 법칙의 진짜 핵심은 다른 지점에 있다는 말이다. 우리는 이 법칙을 통해 1만 시간을 축적하면 된다는 선명한 개념을 가진다. 그리고 하루 24시간으로 1만 시간을 뽑아낼 수 있는 여러 경우의 수가 있음을 알게 된다. 바로 이 지점이 이 법칙의 위대함이다. 우리 엄마들은 '나는 1만 시간의 법칙을 알고 있어. 아, 정말 1만 시간을 하면 그렇게 되겠네.'로 끝나서는 안 된다. 이 법칙이 우리에게 소리치는 것은 시간을 대하는 우리의 자세가 우리의 인생을 결정한다는 말이기 때문이다.

이야기를 조금 더 진행해보자. 우리는 결국 우리가 보낸 시간의 결과물이다. 내가 먹은 음식이 나 자신이듯이 내가 보낸 시간의 총합이 나 자신이다. 시간은 자신을 존중한 사람을 존중한다. 어떤 의도를 가지고 정교하게 보낸 시간은 자신의 주인을 근사하게 만들어낸다.

한편 아무런 의도없이 흘려보낸 시간은 자신의 주인을 그저 흘려보내도 좋은 존재로 만들어낼 것이다. 그러므로 지금 내 자녀가 자신을 스쳐지나가는 1분 1초를 어떤 자세로 대하느냐는 중요하다. 자녀의 그 태도가 곧 시간이 내 자녀를 대하는 태도가 될 것이기 때문이다.

기록된 시간만이 버려지지 않는다

정리와 계획에 최적화된 사람들이 있다. 나는 전혀 그런 사람이 아니다. 그래서 온갖 표로 꽉 짜여진 다이어리를 보면 숨이 막힌다. 나에게는 그걸 사용할 능력이 없다.

다만 나는 기록에는 진지하다. 종이에 기록된 시간만이 1만 시간에 계수되는 온전한 시간이 됨을 경험했기 때문이다.

그렇다면 시간을 기록한다는 말은 정확히 무슨 뜻일까? 먼저 시간을 레고블럭처럼 생각하면 좋다. 반복하지만, 시간을 한 장의 벽돌처럼 생각하고 그것을 쌓아간다는 개념을 가지는 것이다. 이런 분명한 전제를 가지면 1만 시간의 법칙이 금세 구체적으로 다가온다.

차원이 다른 고퀄리티 시간을 만드는 법

먼저 24시간을 3덩어리로 나누자. 8시간은 잠을 잔다. 8시간은 놀이와 휴식의 시간이다. 여기에 식사, 운동 등이 들어간다. 나머지 8시간이 일하는 시간이다. 여기서 순서가 중요하다. 8시간의 수면, 8시간의 놀이와 휴식으로 하루의 바탕을 먼저 튼튼히 만들어 놓는다. 그렇게 최적화된 하루 안에서 최고로 집중할 수 있는 8시간이 만들어진다. 이건 이런 말이다. 8시간 동안 충분한 수면을 취하고 8시간 동안 좋은 음식을 정해진 시간에 먹고, 적절한 운동과 이후의 샤워로 최고의 컨디션을 만든 사람이 보내는 8시간은 그렇지 않은 사람의 8시간과 차원이 다른 것이다. 1만 시간의 법칙을 채우는 매 시간 시간의 질이 좋을 때 그 사람의 1만 시간은 다른 사람 10만 시간의 바이브를 뿜어낼 수도 있게 된다.

다이소 1천 원 수첩으로 시작해요

준비물은 아이 손바닥만한 수첩과 필기구다. 나는 다이소 1천 원 수첩으로 시작했다. 먼저 내가 일어나는 시간을 쓴다. 그리고 한 줄이 30분이 되도록 시간을 먼저 기록한다. 8시간을 자는 시간으로 빼고 나면 총 16시간이 남는다. 우리가 기록해야 할 시간이다. 여기서 3시간을 식사 시간으로 구별한다. 식사 자체는 30분이 걸리지만 준비에 15분, 정리에 15분이 걸린다. 그래서 총 1시간이다. 외식을 하더라도 그곳까지 이동하는 시간, 함께 식사하는 사람과 대화 나누는 시간 등을 어림잡으면 한 끼 식사에 1시간을 쓴다고 보면 된다.

이런 이유로 식사에 '1시간'이 든다는 개념을 자녀에게 분명히 심어두면 좋다. 그러면 식사 전에 15분, 식사 30분, 정리 15분이라는 개념이 생긴다. 12시가 점심시간인데 "얘들아, 뭐 먹을래?"하면 안 된다는 말이다. "아, 삼겹살? 그래, 엄마가 사 올게."하는 순간 15분은 순삭이다. 그것도 마트가 집 근처에 있어야 15분이다. 그러므로 식사 시간을 1시간으로 정한다는 것은 이미 일주일의 식단이 정해져 있고 재료가 냉장고에 세팅되어 있다는 것을 의미한다. 그리고 식사 후 정리 시간이 15분이라는 것은 식사를 마쳤으면 바로 일어나서 설거지를 한다는 것을 의미한다.

이 정도의 진지함으로 10분, 15분을 대하는 사람만이 비로소 1만 시간의 법칙을 달성할 수 있다. 그리고 그런 사람에게 시간은 주인을 존귀하게 대하는 자신의 모습을 보여줄 것이다.

나머지 휴식과 놀이에 5시간이 남아 있다. 또 일하는 시간 8시간이 남아 있다. 이 시간들을 어떻게 보낼 것인지 각 가정에서 정교히 설계할 필요가 있다. 그래서 매일 수첩에 기록한다. 그리고 내 손으로 1시간부터 적어서 1만 시간이 될 때까지 기록해 나간다. 숫자가 누적될수록 이 삶이 나 자신에게 주는 바이브는 엄청나다. 정직함이 쌓인 나의 삶 그 자체이기 때문이다. 어제의 숫자가 오늘의 나를 일으키고, 오늘의 숫자가 내일의 나를 기대하게 한다.

주말의 특별한 계획도 설계해서 쌓아간다

주말은 평일과는 또 다른 계획을 설계해서 쌓아가면 좋다. 우리 가정의 경우 토요일 오전은 아이들 합창 연습 시간이다. 또 토요일 오후는 토요일 저녁식탁 준비로 사용될 때가 많다. 그래서 토요일 오후를 일주일치 장을 보는 시간으로 보내기도 한다.

나의 시간이 온전히 백지가 되게 하기 위해 유의할 것들

"여보, 손톱깎이 어디 있어요?"

"거기 욕실 수납장에 있잖아요."

"없어서 그래요."

살다보면 집 안에서 물건을 못 찾는 일이 많다. 제자리에 물건을 안 두어서 그렇다. 가만히 생각해보면 이 사소한 일이 결코 사소한 일이 아님을 알 수 있게 된다. 우리는 어떤 일을 할 때마다 물건이 필요하다. 수첩에 시간을 기록할 때에도 수첩과 볼펜이 필요하고, 아침에 옷을 입을 때에도 속옷과 양말, 그날 입을 옷이 필요하다. 이 모든 물건이 각자 제자리에 언제나 정확히 놓여있어야 한다. 그래야 나의 30분이 물건을 찾느라 사라지지 않는다.

이렇게 사라진 시간은 1만 시간 안에 쌓일 수가 없다. 결국 물건을 잘 정리하는 것은 내 시간을 귀하게 여기는 것이 된다. 그리고 시간은 곧 나의 생명이기에 자신의 공간을 잘 정리하지 못해서 물건을 찾게 만드는 사람은 내 생명을 낭비하는 사람이라는 논리가 성립된다. 곰곰이 생각해보자.

공간을 통제하는 능력이 자녀의 인생을 결정합니다

앞서 시간을 온전히 내 것으로 사용하고 싶으면 물건이 잘 정리되어 있어야 한다는 사실을 살펴보았다. 이제는 어떻게 하면 정리정돈을 쉽게 할 수 있을까 생각해보고 구체적인 방법을 알아보자.

정리를 못 하는 진짜 이유

"선생님, 저희 아이는 물건 정리를 못해요. 늘 잔소리를 해도 귓등으로 들어요. 제 말은 안 들어도 선생님 말씀은 잘 들으니 학교에서 많이 타일러주세요."

수민 어머니 음성에 깊은 수심이 묻어났다. 수민이의 사물함이 생각났다. 물건이 넘쳐 문이 안 닫히던 사물함. 슬며시 웃음이 났다. 자기 방 책상 위도 그렇겠지.

그 다음 날 수민이를 불러 사물함 정리를 해보자고 했다.

"수민아, 네가 정리를 못하는 게 아니야. 필요 없는 물건이 이렇게 많은데 무슨 수로 정리를 해? 넌 정리를 못하는 사람이 아니야. 필요 없는 물건을 거절하지 않는 사람이지."

나는 종이가방을 주고 꼭 필요한 물건이 아닌 것을 담아보라고 했다. 수민이 힘겨워했지만 하나씩 하나씩 담아냈다. 내가 보기에 필요 없는 물건이 더 많이 남았지만 오늘은 이 정도로도 충분했다.

나는 수민이에게 구체적으로 칭찬해주었다.

"오늘 참 잘했어. 나에게 필요한 것과 필요 없는 것을 아는 건 정말 중요한 능력이야. 오늘부터 이렇게 조금씩 버리다 보면 이번 주 내로 사물함은 다 정리되어 있을거야. 수민이는 쉬는 시간마다 사물함 쳐다보면서 뭘 버리고 뭘 남길까? 생각해둬."

군대 가서 정리를 잘하게 되는 이유

지금껏 들은 군대 이야기 중에 제일 기억에 남는 것은 정리정돈 이야기다. 자기는 평생 정리를 참 못했는데 군대에서 그게 고쳐졌다는 이야기. 그런데 제대하니 다시 정리를 못하게 되었다는 이야기.

내 자녀가 정리를 잘 못해서 힘들다면 이 이야기를 잘 생각해보아야 한다. 정리의 특급 비밀이 이 말 안에 쏙 들어있다. 왜 군대에서는 정리를 잘하게 되었을까? 군대에는 필요 없는 물건이 없다. 그래서 정리를 잘할 수밖에 없다. 요즘 군대에 가면 초도 보급품으로 55개 품목 76점을 준다고 한다. 76개 물건 외의 물건은 없다는 것이다. 입소 때 입고 온 옷까지 집으로 보낸다. 필요가 없기 때문이다. 이 물건들을 정해진 곳에 넣으니 정리가 자동으로 이루어진다.

우리가 정리를 못하는 이유는 첫째로, 필요 없는 물건이 지나치게 많기 때문이고, 둘째로, 비슷한 기능의 유사한 물건들이 중복되어 있기 때문이다. 군대는 이 두 가지 요소를 모두 차단해준다. 그리고 군대에서는 물건을 늘 제자리에 놓는 규칙도 있으므로, 정리를 못할래야 못할 수가 없다. 집 안의 자기 방을 군대처럼 강압적이고 획일적으로 정리하게 만들라는 이야기는 아니다. 다만, 아이가 물건 정리를 못하는 근본적인 이유를 같이 찾아보고 나면 저절로 정리 문제는 해결된다는 이야기다.

그런데 이런 물리적인 물건의 개수를 줄이기 전에 먼저 해야 할 일이 있다. 방 정리 전에 머릿속부터 정리하는 일이다.

방 정리 전에 머릿속부터 정리하고 시작하자

군대가 모든 이들을 정리 잘하는 사람으로 만드는 비결을 알았으니, 이제 엄마도 가정에서 자녀들을 같은 원리로 지도하면 된다. 우선 필요한 물건을 리스트로 정리하고 제자리를 정해준다. 이것을 반복하면 지속가능한 정리정돈이 된다.

① 아이가 스스로 필요한 물건을 구별할 수 있도록 엄마가 차근차근히 도와야 한다. 그렇게 아이 스스로 이 원리를 터득해야 지속 가능하다.

② 우리집 리스트는 다음과 같다.

1) 상하의 속옷과 양말 각각 7세트

2) 봄, 가을옷, 여름옷, 겨울옷 각각 7벌과 겨울 점퍼 1벌, 간절기 점퍼 1벌

3) 운동화, 구두, 슬리퍼 각각 1켤레

4) 개인 물컵

5) 침대 패드 1장, 이불 1장, 베개 1개

6) 책가방 1개, 보조가방 1개, 필통 1개

7) 스킨, 로션, 머리끈, 헤어핀, 안경 등

이렇게 물건의 목록을 만들고 난 후 물건의 제자리를 정해주자. 서랍장이나 책꽂이에 물건을 수납할 때 유용한 꿀팁이 있다. 잘 정리된 서랍이나 책꽂이의 모습을 사진으로 찍어 작게 출력하는 것이다. 그 후 그 사진을 서랍이나 책꽂

이 한쪽에 스티커처럼 붙인다. 아이는 그 사진을 보며 사진 속의 모습 그대로 서랍이나 책꽂이를 정리할 수 있다. 간단하지만 매우 강력한 방법이다.

속옷과 양말은 스스로 정리하고 챙기도록 하자

지금 아이들의 속옷과 양말이 들어있는 서랍을 살펴보자. 잘 정리된 집이 생각보다 많지 않을 것이다. 속상한 마음에 아이들에게 듣기 싫은 소리부터 먼저 할 게 아니라 어떻게 하면 구조적으로 아이들이 잘 정리할 수 있도록 도와줄까를 먼저 생각해보자.

앞에서 말한 것처럼, 우리 집은 첫째가 8살, 둘째와 셋째가 6살 즈음에 이 부분을 시스템적으로 해결했다. 우선 나는 속옷과 양말의 문제를 개인 청결의 영역으로 접근했다. 그래서 정리를 지도하기 전에 먼저 속옷과 양말을 매일 갈아입게 하는 습관을 중점적으로 훈련했다. 이 습관을 위해 아이들 한 명당 7벌의 러닝과 팬티, 7켤레의 양말을 준비해주었다. 그 후 아이들이 스스로 속옷과 양말을 정리하기 편하도록 서랍 안에 7개의 칸을 만들어주었다. 한 칸이 좁지 않도록 충분히 여유 있게 만들어주었다. 그런 후에 러닝 1장, 팬티 1장, 양말 1켤레를 개어 1세트로 삼고 한 칸에 잘 매만져 넣도록 훈련시켰다. 그렇게 가지런히 7칸을 채우도록 도와주었다. 그런 후에 매일 속옷과 양말을 갈아입도록 했다.

이렇게 하면 "엄마, 신을 양말이 없어요"라든지 "입을 팬티가 없어요"하는 난감한 상황이 생기지 않는다. 속옷과 양말의 상태에 늘 관심을 가지고 작아지거나 천의 보송함이 사라졌을 때 꼭 새로 사 주도록 한다. 겨울에는 겨울 양말을 따로 사 주는 것이 좋다.

내 공간을 장악하는 능력이 자신의 삶을 장악하게 한다

내 공간을 정리하다보면 이 공간을 장악하게 된다. 이 느낌은 곧 나의 시간과 인생, 나의 가능성으로 옮겨가서 내 삶을 설계해보고 그것을 실현시키며 맛보는 성취감을 가지는 경험으로 확장된다. 내 자녀가 공간과 물건을 정리해나가며 자신의 시간 역시 설계하고 정리해서 쌓아갈 수 있음을 알게 하자. 방학 시간을 통해 꼭 이런 경험을 맛볼 수 있도록 이끌어주자.

북큐레이션 • 내 아이를 주도적으로 키우고 싶은 부모들을 위한 책

《엄마력》과 함께 읽으면 좋은 책. 내 아이를 독립적이고 주체적이며
자존감 높은 사람으로 키우는 부모가 될 수 있습니다.

세상 쉬운 우리 아이 진로진학

차현정 지음 | 16,000원

4차 산업혁명 시대, 부모가 물려줄 수 있는 가장 위대한 유산은 자녀의 '재능 키우기'다!

지금 부모들의 가장 큰 고민은 '이런 세상에서 우리 아이가 어떻게 먹고살 것인가?'다. 17년간 사교육 현장에서 아이들을 가르치고 입시 컨설팅을 해온 저자는 초등학교부터 아이들의 재능을 발견하고 이를 진로와 진학에 연결시키는 방법을 안내한다. 저자가 강조하는 것은 부모가 자녀의 적성 및 성향을 파악하고 내 아이의 고유한 재능을 발견해서 이를 진로와 진학에 맞게 키우고 개발해주는 일이다.

평범한 아이도 영재로 만드는 내 아이 두뇌 트레이닝

성호경 지음 | 14,500원

99% 엄마들이 모르는 뇌 발달 시기에 맞는 내 아이 두뇌 훈련법

주도적이고 독립적인 인생을 살아가는 아이로 키우기 위해서는 지금과 같은 양육 방식, 교육 방식으로는 곤란하다. 지식 습득보다 사고가 자유로운 아이, 개인의 창의력과 상상력, 자제력을 갖춘 아이가 대접받는 세상이 오기 때문이다. 28년간 교육 임상가로 보낸 저자는 아이의 생존력을 키우는 5가지 키워드를 안내하면서 지혜로운 두뇌를 만드는 손쉬운 놀이 방법을 구체적으로 소개한다.

세상 쉬운 우리 아이 성교육

이석원 지음 | 13,800원

아이의 거침없는 질문에 난감한 부모들을 위한
난생처음 내 아이 성교육하는 법!

5,000회 이상 20만 명에게 성교육을 강의한 차세대 성교육 멘토인 저자가 엄마인 여자는 절대 모르는 아들 성교육하는 법을, 남자인 아빠는 절대 상상할 수 없는 딸 성교육하는 법을 하나부터 열까지 친절하게 설명한다. 아들의 몽정과 자위를 엄마가 알고 딸의 생리를 아빠가 알게 된다면 저녁 식탁에서 가족들이 자연스럽게 성관계와 성평등, 아이들의 성문화까지 이야기하는 분위기를 이어갈 수 있다.

아이가 달라지는 엄마의 말

도미향 지음 | 14,500원

아이의 속마음을 읽고 감정을 다스리는
최고의 코칭 대화법

두 아이를 코칭으로 키우며 18년간 부모 코칭 전문가로 활동한 저자가 부모와 아이 모두 행복해지는 소통의 방법을 제시한다. 저자가 강조하는 해법은 바로 성찰과 코칭의 대화를 실천하는 부모다. 이 책은 아이를 가르치기보다 이끌고, 아이에게 말하기보다 들으며, 간섭하기보다 자율성을 주는 올바른 부모코칭 대화법을 사례별로 알려준다.